作って楽しい
食べて美味しい

ムラヨシマサユキの
シフォンケーキ研究室

ムラヨシマサユキ

Chiffon Cake Laboratory

– Murayoshi Masayuki –

シフォンケーキ研究室へようこそ

シフォンケーキとの出会いは18歳のときでした。
修業先の先輩が「巷で流行ってる」と試作していたのを見ていたのです。
それは、そのころの僕が知っているお菓子の作り方と違い、
かなり意表を突かれました。

え、水を入れちゃうの？ …… え、サラダ油！？
そんなにメレンゲを入れても大丈夫？？
なんで逆さまで冷ますの？？

湧き起こる疑問の中、でき上がったケーキは、
それはそれはふんわりやわらかく、シュワシュワと口の中で溶け、
いくらでも食べられてしまう未体験のスポンジケーキでした。

それから、たくさんのシフォンケーキの本を買いあさり、作りまくりました。
でも、あるとき気づいたのです。
なぜか1冊に基本生地がひとつしか存在しないことを。
しかも比べると、例えばこれがコツと書いてあっても、
ほかの本では、それをすると失敗します！と書いてあったり。
正解とする作り方や、でき上がるケーキの状態がまるで違ったのです。

なぜ？どういうこと？？と僕のシフォンケーキ研究魂に火がつきました。
レシピを製菓理論に当てはめてみたり、ときには無視してみたり、
ひとつひとつの工程を分解して考え、
そしてようやくそれらを整理し、理解できたことで、
僕は気分で生地の食感を作り分け、楽しみたいと考えました。

ふわふわシフォンを手づかみで食べたいときがあれば、
しっとりシフォンをゆっくりお茶と楽しみたいときもあり、
また、もっちりシフォンを朝食に頬張りたいときもある。

皆様を僕の研究室にお招きできることを嬉しく思っています。

ムラヨシマサユキ

シフフォンケーキを作る前に

- 本書で紹介しているシフォンケーキのほとんどは、
  卵4個で直径17cmのシフォンケーキ1台分を作れるレシピになっています。
- オーブンは使う前に、しっかり予熱してから焼いてください。
- 本書で紹介しているシフォンケーキは家庭用オーブンで焼成する際の温度、時間を示しています。
  オーブンの機種や性能により、差があります。
  焼き上がりは本書の写真を参考にし、記載されている時間で焼けるように温度を調整してください。
- 小さじ1は5mℓ、大さじ1は15mℓです。
- ごく少量の調味料の分量は「少々」または「ひとつまみ」としています。
  「少々」は親指と人差し指でつまんだ分量で、「ひとつまみ」は親指と人差し指と中指の3本でつまんだ分量になります。
- 「適量」はちょうどよい分量、「適宜」は好みで入れなくてもよいということです。

目次

材料

シフォンケーキを作る材料はとてもシンプル。
卵、砂糖、塩、薄力粉、たまにベーキングパウダー、
そして油と牛乳、水などの水分です。
少し材料が加わるだけで、いろいろにアレンジして
焼けるのがシフォンケーキの魅力です。

❶ 卵

直径17cmのシフォンケーキ型に必要な卵は4個。本書ではMサイズ（正味約50g）の卵を使用しています。作る前に卵黄と卵白に割り分け、卵白はしっかり冷やしておくことが大切です。

❷ 砂糖

基本は上白糖を使います。風味を変えるためにきび砂糖、黒糖を使うこともあります。また甘さと水分の代わりにはちみつを使うことも。

❸ 塩

シフォンケーキで大切なメレンゲを泡立てる際に必要です。ひとつまみ加えるだけで、キメ細かく泡立ったメレンゲに仕上げることができます。

❹ 薄力粉

シフォンケーキは少ない薄力粉とメレンゲの力で焼き上げるケーキです。薄力粉のほかに米粉や強力粉などでもアレンジできます（p.92参照）。

❺ ベーキングパウダー

シフォンケーキはメレンゲの力で膨らませるケーキ。ベーキングパウダーは入れなくてもよいのですが、入れるとケーキにしっかり柱ができ、コシのあるケーキになります。本書で紹介するふわふわ生地のシフォンケーキにはほんのり食感を加えるためにひとつまみのベーキングパウダーを加えていますが、口の中でシュワッとメレンゲでできた気泡が弾ける食感がお好みなら、入れなくてもかまいません。

❻ 油分

基本は無味無臭の手軽なサラダ油を使用します。風味や生地の仕上がりに応じてオリーブ油、溶かしたバターを使います。

❼ 水分

水分は水や牛乳を使用します。しっとりとした生地に仕上げたい場合は、プレーンヨーグルトを使うことも。

道 具

本書では17 cmのシフォンケーキ型があれば、
あとは普通の焼き菓子と変わらない道具で作ることができますが、
シフォンケーキで大切なメレンゲを泡立てるのには、
ハンドミキサーが必須になります。
準備が整ったら、さあシフォンケーキ作りのスタートです！

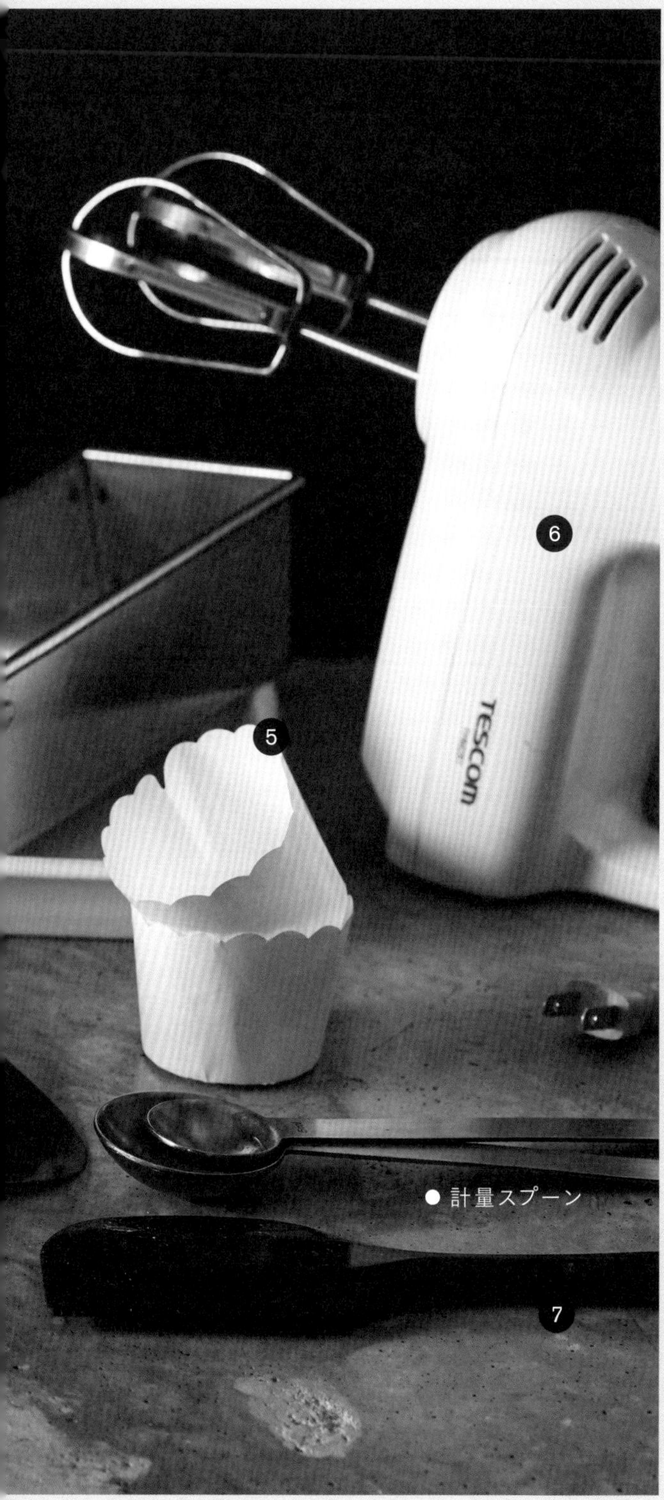

❶ ボウル

生地を混ぜたり、メレンゲを泡立てたりするのに使います。直径22〜24cmのものが2つあると便利です。

❷ 泡立て器

材料を混ぜ、メレンゲと生地を混ぜ合わせるのにも必要です。全長27cm程度の大きさのものが使いやすいです。

❸ ザル

粉類はまず最初に細かくふるっておくことが大切です。専用のストレーナーがあれば、それを使ってください。網目の粗過ぎないものを使いましょう。

❹ シフォン型

本書では家庭用オーブンで焼きやすく、卵4個で焼き上げることができる直径17cmのシフォン型を使います。熱伝導がよいアルミ製、手入れのしやすい継ぎ目のないものを選ぶとよいでしょう。使用後は水に浸してから洗うと、洗いやすくなります。直径20cmの型を使用する場合は、材料を1.5倍にして生地を作り、焼き時間は30分を目安にしてください。

❺ その他の型

シフォン型以外に、バット、パウンド型、紙製のマフィンカップ型でもシフォンケーキを焼くことができます。バット、パウンド型で焼く際はオーブンシートを敷いてから生地を流し込んでください。またカップ型は背が高く、自立型のものを選ぶとよいでしょう。

❻ ハンドミキサー

メレンゲを作る際に必要です。どんなタイプでもかまいませんが、本書では低速と高速を使い分けます。

❼ ゴムベラ

生地を混ぜたり、型に流し込んだり、生地の表面をならしたりする際に使用します。ボウルの形に馴染むものを選ぶとよいでしょう。

Fluffy

ふわふわ生地のシフォンケーキ

- □ まず卵黄に上白糖の半量を入れ、
  すり混ぜて卵黄にもしっかり空気を抱き込ませる。
- □ 水を加えることで伸びやかな生地に仕上がり、
  ふわふわを保って焼ける。
  牛乳は口当たりをしっとりさせる。
- □ メレンゲは卵白の量の¼量以下の砂糖の配合で
  作ると、かためのメレンゲができる。
  このメレンゲを生地に混ぜ合わせ、
  縦にしっかり伸びて焼きかたまるように調整している。
- □ メレンゲはツノが立ち、
  少しお辞儀するくらいまで泡立てる。
- □ メレンゲは生地に混ざったと思っていても、
  小さい塊が残っていることがあるので
  必ずゴムベラでしっかり混ぜる。

Fluffy

ふわふわ生地の シフォンケーキ

□ まず卵黄に上白糖の半量を入れ、
すり混ぜて卵黄にもしっかり空気を抱き込ませる。

□ 水を加えることで伸びやかな生地に仕上がり、
ふわふわを保って焼ける。
牛乳は口当たりをしっとりさせる。

□ メレンゲは卵白の量の½量以下の砂糖の配合で
作ると、かためのメレンゲができる。
このメレンゲを生地に混ぜ合わせ、
縦にしっかり伸びて焼きかたまるように調整している。

□ メレンゲはツノが立ち、
少しお辞儀するくらいまで泡立てる。

□ メレンゲは生地に混ざったと思っていても、
小さい塊が残っていることがあるので
必ずゴムベラでしっかり混ぜる。

基本のふわふわ
シフォンケーキ

やわらかく、口の中でシュワシュワ溶ける軽い口当たり。
誰にでも愛される食感のシフォンケーキです。
ベーキングパウダーひとつまみを加えることで、
ほんの少しコシを与えていますが、好みで入れなくても。

材料〔直径17cmのシフォンケーキ型・1台分〕

卵 … 4個
上白糖 … 60g
塩 … ひとつまみ

A
- 薄力粉 … 70g
- ベーキングパウダー … ひとつまみ

B
- 水 … 30g
- 牛乳 … 30g
- サラダ油 … 30g

下準備

- ◎ 卵は2つのボウルに卵黄と卵白に分けて割る。
- ◎ 卵白は冷蔵庫に入れてしっかり冷やしておく。
- ◎ Aの粉類は合わせてザルでふるっておく。
- ◎ オーブンは180℃に予熱しておく。

作り方

卵黄生地を作る

1 卵黄を泡立て器でほぐし、上白糖半量を加えて白っぽくなるまですり混ぜる〔ⓐ、ⓑ〕。

2 Bを一度に加えて混ぜ合わせる〔ⓒ〕。

3 ふるったAを加え、粉気がなくなるまで混ぜる〔ⓓ、ⓔ〕。そこからさらに生地にツヤが出てくるまで20〜30回混ぜる〔ⓕ〕。

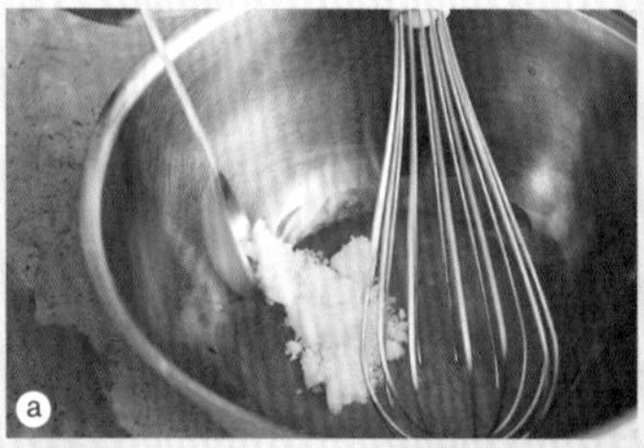
a

b

c

d

e

f

メレンゲを作る

1 卵白はハンドミキサーの低速で混ぜる。卵白のコシをシャバシャバになるまでよくほぐし〔ⓐ〕、残りの上白糖半量と塩を加える〔ⓑ〕。

2 高速に切り替え、白く泡立って気泡がモコモコとしてきたら〔ⓒ〕、残りの上白糖を加えてさらに泡立てる〔ⓓ〕。

3 ツヤが出てキメが細かく揃い、すくうとツノが少しお辞儀する程度まで泡立てる〕〔ⓔ〕。さらに低速に切り替え、20〜30秒泡立てると、さらにキメが揃う。

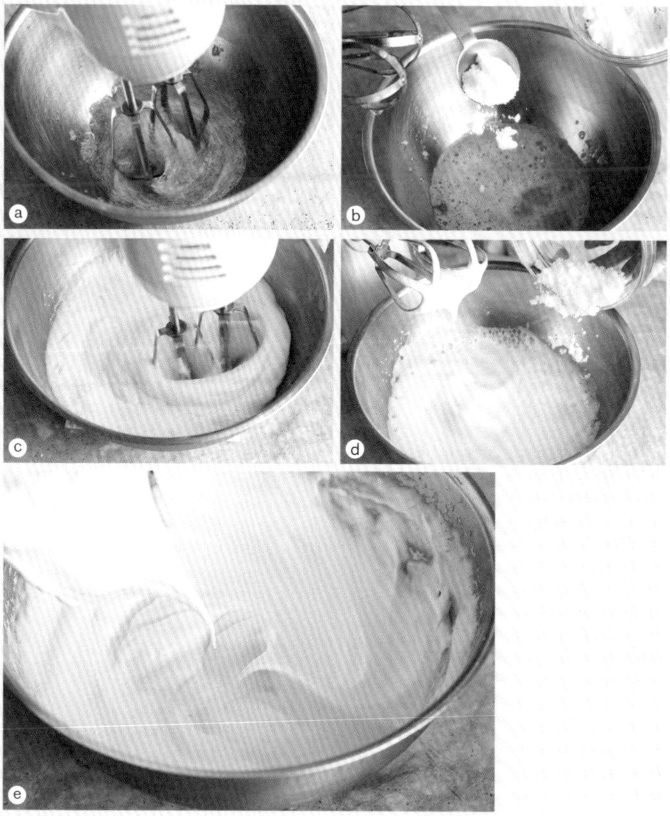

卵黄生地とメレンゲを混ぜる

1 メレンゲ半量を生地のボウルに入れ〔ⓐ〕、泡立て器で一気に混ぜる〔ⓑ〕。

2 しっかり混ぜたら、これをメレンゲのボウルに入れて混ぜる〔ⓒ〕。

3 泡立て器で底からすくうようにメレンゲと卵黄生地を混ぜ合わせる。泡立て器で大きくすくい、ワイヤーの間を通すように混ぜるとメレンゲへのダメージが少なくなる〔ⓓ〕。

4 メレンゲのスジが見えなくなってきたら、ゴムベラに持ち替え、生地のキメを整えるように20〜30回混ぜる〔ⓔ、ⓕ〕。

型に流し入れて焼く

1 少し高いところから型の1か所に生地を流し入れ〔ⓐ〕、表面を整える。

2 均等な高さで生地が持ち上がるように、型の縁まで生地を寄せてならし〔ⓑ〕、焼いてる際中に盛り上がってこぼれ出ないように縁についた生地を丁寧にふく〔ⓒ〕。型の煙突を押さえ、5cmほどの高さから台にトントンと2回軽く打ちつけて生地をならす〔ⓓ〕。

3 温めたオーブンに入れて25〜28分焼く。膨らんで割れた生地の表面にも焼き色がつくまで焼く。ヤケドしないように注意しながら取り出し、型ごと逆さにして網にのせて冷ます。

memo　知っておきたいシフォンケーキのコツ

大穴を防ぐために

シフォンケーキでよくある失敗は大きな穴。メレンゲと卵黄生地をしっかり混ぜてこれ以上混ぜたら生地がダレてしまいそうなとき、混ぜ終わってもメレンゲの塊が残ってしまったときは、生地を型に流し込んだあとに菜箸で2〜3周混ぜるとメレンゲの塊を消すことができる。

焦げ臭を防ぐために

型の側面、煙突に生地がついたまま焼くと、そこが焦げ、その臭いがシフォンケーキに移ってしまう。オーブンに入れる前にきれいにふき取ることが大切。

焼き上がりの目安

焼き上がりの目安は、生地表面が最高潮に膨れ〔ⓐ〕、パンパンに張った時点から少ししぼんできたあたりが目安。最高潮に膨らんでいる時点でオーブンから出してしまうと、焼き不足で冷めたときにペシャンコにしぼんでしまうことがある。膨らんで割れた生地にもしっかりと焼き色がついてから〔ⓑ〕、オーブンから取り出す。

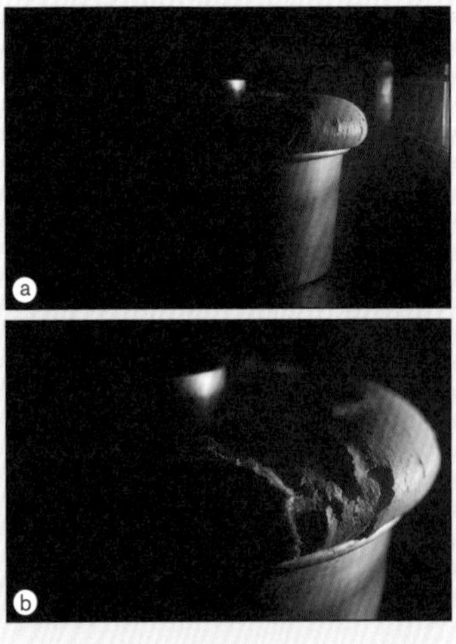

基本の ふわふわ生地で作る “オムレット”

シフォンケーキの型がない場合でも楽しめるオムレット。
フライパンで蒸し焼きにして焼き上げます。
ホイップクリームやジャムなど好みの具材を挟んでください。
やわらかい生地なので、しっかり焼き色がついたら裏返して。

材料〔15cm大・3枚分〕

卵 … 2個
上白糖 … 25g
塩 … ひとつまみ
A［薄力粉 … 40g
　ベーキングパウダー … ひとつまみ］
B［水 … 15g
　牛乳 … 15g
　サラダ油 … 15g］

【トッピング】
好みのフルーツ … 250g
水きりヨーグルト*（またはギリシャヨーグルト） … 200g
はちみつ … 適量

＊水きりヨーグルトはキッチンペーパーを敷いたザルで好みのかたさまで水気をきる。

下準備

◎ 卵は2つのボウルに卵黄と卵白に分けて割る。
◎ 卵白は冷蔵庫に入れてしっかり冷やしておく。
◎ Aの粉類は合わせてザルでふるっておく。

作り方

1 生地は基本のふわふわシフォンケーキと同じ要領で作る。

2 フライパンを中火で温め、サラダ油適量（分量外）を薄く敷く。生地をおたまで⅓量すくい入れ、優しく15cm大の円形に広げ、蓋をして弱火で焼く〔ⓐ〕。28cmのフライパンなら2枚同時に焼ける。

3 4分半〜5分焼き、蓋を開けて焼き色がついていたら、ひっくり返す〔ⓑ〕。再度蓋をして、1分半〜2分焼く。残りも同様に焼き、冷ます。

4 水きりヨーグルトと食べやすく切ったフルーツを生地の半分にのせ、はちみつを回しかけて半分に折る。

ⓐ

ⓑ

ココアのシフォンケーキ
» p.24

抹茶のシフォンケーキ

» p.25

ココアのシフォンケーキ

シフォンケーキで大事なメレンゲは、
ココアパウダーの油分で、その泡を潰してしまいます。
生地とメレンゲを混ぜるときは手早くするのがコツです。
濃厚に仕上げたい場合は、きび砂糖に置き換えても。

材料〔直径17cmのシフォンケーキ型・1台分〕

卵 … 4個
上白糖 … 70g
塩 … ひとつまみ

A
- 薄力粉 … 65g
- ココアパウダー … 15g
- ベーキングパウダー … ひとつまみ

B
- 水 … 30g
- 牛乳 … 20g
- サラダ油 … 30g

下準備

◎ 卵は2つのボウルに卵黄と卵白に分けて割る。
◎ 卵白は冷蔵庫に入れてしっかり冷やしておく。
◎ Aの粉類は合わせてザルでふるっておく。
◎ オーブンは180℃に予熱しておく。

作り方

卵黄生地を作る

1 卵黄を泡立て器でほぐし、上白糖半量を加えて白っぽくなるまですり混ぜる。

2 Bを一度に加えて混ぜ合わせる。

3 ふるったAを加え、粉気がなくなるまで混ぜる。そこからさらに生地にツヤが出てくるまで20〜30回混ぜる。

メレンゲを作る

1 卵白はハンドミキサーの低速で混ぜる。卵白のコシをシャバシャバになるまでよくほぐし、残りの上白糖半量と塩を加える。

2 高速に切り替え、白く泡立って気泡がモコモコとしてきたら、残りの上白糖を加えてさらに泡立てる。

3 ツヤが出てキメが細かく揃い、すくうとツノが少しお辞儀する程度まで泡立てる。さらに低速に切り替え、20〜30秒泡立てると、さらにキメが揃う。

卵黄生地とメレンゲを混ぜる

1 メレンゲ半量を生地のボウルに入れ、泡立て器で一気に混ぜる。

2 しっかり混ぜたら、これをメレンゲのボウルに入れて混ぜる。

3 泡立て器で底からすくうようにメレンゲと卵黄生地を混ぜ合わせる。泡立て器で大きくすくい、ワイヤーの間を通すように混ぜるとメレンゲへのダメージが少なくなる。

4 メレンゲのスジが見えなくなってきたら、ゴムベラに持ち替え、生地のキメを整えるように20〜30回混ぜる。

型に流し入れて焼く

1 少し高いところから型の1か所に生地を流し入れ、表面を整える。

2 均等な高さで生地が持ち上がるように、型の縁まで生地を寄せてならし、焼いてる際中に盛り上がってこぼれ出ないように縁についた生地を丁寧にふく。型の煙突を押さえ、5cmほどの高さから台にトントンと2回軽く打ちつけて生地をならす。

3 温めたオーブンに入れて25〜28分焼く。膨らんで割れた生地の表面にも焼き色がつくまで焼く。ヤケドしないように注意しながら取り出し、型ごと逆さにして網にのせて冷ます。

抹茶のシフォンケーキ

ほろ苦い抹茶をシフォンケーキに。
切り分けてホイップクリームを添えるのがおすすめの食べ方。
コーヒーにも紅茶にも合います。
抹茶は一度ふるってから牛乳に混ぜると、ダマになりにくいです。

材料〔直径17cmのシフォンケーキ型・1台分〕

卵 … 4個
上白糖 … 70g
塩 … ひとつまみ

A
- 薄力粉 … 70g
- ベーキングパウダー … ひとつまみ

B
- 抹茶 … 8g
- 湯 … 30g
- 牛乳 … 30g
- サラダ油 … 30g

下準備

◎ 卵は2つのボウルに卵黄と卵白に分けて割る。
◎ 卵白は冷蔵庫に入れてしっかり冷やしておく。
◎ Aの粉類は合わせてザルでふるっておく。
◎ Bは混ぜておく。
◎ オーブンは180℃に予熱しておく。

作り方

卵黄生地を作る

1 卵黄を泡立て器でほぐし、上白糖半量を加えて白っぽくなるまですり混ぜる。

2 Bを一度に加えて混ぜ合わせる。

3 ふるったAを加え、粉気がなくなるまで混ぜる。そこからさらに生地にツヤが出てくるまで20～30回混ぜる。

メレンゲを作る

1 卵白はハンドミキサーの低速で混ぜる。卵白のコシをシャバシャバになるまでよくほぐし、残りの上白糖半量と塩を加える。

2 高速に切り替え、白く泡立って気泡がモコモコとしてきたら、残りの上白糖を加えてさらに泡立てる。

3 ツヤが出てキメが細かく揃い、すくうとツノが少しお辞儀する程度まで泡立てる。さらに低速に切り替え、20～30秒泡立てると、さらにキメが揃う。

卵黄生地とメレンゲを混ぜる

1 メレンゲ半量を生地のボウルに入れ、泡立て器で一気に混ぜる。

2 しっかり混ぜたら、これをメレンゲのボウルに入れて混ぜる。

3 泡立て器で底からすくうようにメレンゲと卵黄生地を混ぜ合わせる。泡立て器で大きくすくい、ワイヤーの間を通すように混ぜるとメレンゲへのダメージが少なくなる。

4 メレンゲのスジが見えなくなってきたら、ゴムベラに持ち替え、生地のキメを整えるように20～30回混ぜる。

型に流し入れて焼く

1 少し高いところから型の1か所に生地を流し入れ、表面を整える。

2 均等な高さで生地が持ち上がるように、型の縁まで生地を寄せてならし、焼いてる際中に盛り上がってこぼれ出ないように縁についた生地を丁寧にふく。型の煙突を押さえ、5cmほどの高さから台にトントンと2回軽く打ちつけて生地をならす。

3 温めたオーブンに入れて25～28分焼く。膨らんで割れた生地の表面にも焼き色がつくまで焼く。ヤケドしないように注意しながら取り出し、型ごと逆さにして網にのせて冷ます。

チョコチップのカップシフォンケーキ

マフィンカップで焼いたシフォンはプレゼントにも喜ばれるケーキ。
チョコは生地に沈みやすいので、トッピング用に焼く直前にも散らします。
ビター、スイートなど、好みのものチョコレートを使ってください。

材料〔直径5cmのマフィンカップ型*・7〜8個分〕

卵 … 3個
上白糖 … 45g
塩 … ひとつまみ
A［薄力粉 … 50g
　ベーキングパウダー … ひとつまみ］
製菓用チョコレート（チップタイプ）** … 50g
B［水 … 20g
　牛乳 … 20g
　サラダ油 … 15g］

*マフィンカップ型は背が高い、自立型がよい。
**製菓用チョコレートはスイート、ビター、ミルクなど好みの味を使ってよい。チップタイプがなければ3mm角に刻み、ザルで漉して微粉を取り除いておく。微粉を取り除かないと、焼いてる際中にチョコレートの油脂で生地に大きな穴が開いてしまう。

下準備

◎ 卵は2つのボウルに卵黄と卵白に分けて割る。
◎ 卵白は冷蔵庫に入れてしっかり冷やしておく。
◎ Aの粉類は合わせてザルでふるっておく。
◎ オーブンは180℃に予熱しておく。

作り方

卵黄生地を作る

1 卵黄を泡立て器でほぐし、上白糖半量を加えて白っぽくなるまですり混ぜる。

2 Bを一度に加えて混ぜ合わせる。

3 ふるったAを加え、粉気がなくなるまで混ぜる。そこからさらに生地にツヤが出てくるまで20〜30回混ぜる。

メレンゲを作る

1 卵白はハンドミキサーの低速で混ぜる。卵白のコシをシャバシャバになるまでよくほぐし、残りの上白糖半量と塩を加える。

2 高速に切り替え、白く泡立って気泡がモコモコとしてきたら、残りの上白糖を加えてさらに泡立てる。

3 ツヤが出てキメが細かく揃い、すくうとツノが少しお辞儀する程度まで泡立てる。さらに低速に切り替え、20〜30秒泡立てると、さらにキメが揃う。

卵黄生地とメレンゲを混ぜる

1 メレンゲ半量を生地のボウルに入れ、泡立て器で一気に混ぜる。

2 しっかり混ぜたら、これをメレンゲのボウルに入れて混ぜる。

3 泡立て器で底からすくうようにメレンゲと卵黄生地を混ぜ合わせる。泡立て器で大きくすくい、ワイヤーの間を通すように混ぜるとメレンゲへのダメージが少なくなる。

4 メレンゲのスジが見えなくなってきたら、ゴムベラに持ち替え、生地のキメを整えるように15〜20回混ぜる。チョコレートを8割ほど加え、さっと混ぜる〔ⓐ〕。

カップに流し入れて焼く

1 カップに均等に生地を流し入れ〔ⓑ〕、残りのチョコレートを上から散らす〔ⓒ〕。

2 カップの端をつまんで台にトントンと2回軽く打ちつけて生地をならす〔ⓓ〕。

3 天板に並べ、温めたオーブンに入れて18〜20分焼く。生地の表面に焼き色がつくまでしっかり焼けたら、天板ごと網にのせて冷ます。

ⓐ

ⓑ

ⓒ

ⓓ

キャラメルのシフォンケーキ

油分と水分をキャラメルに置き換えて作るシフォンケーキです。
キャラメルがかたまってしまったら、再度弱火で温めてください。
甘く、ビターな濃厚なシフォンケーキが楽しめます。

材料〔直径17cmのシフォンケーキ型・1台分〕

卵 … 4個
上白糖 … 45g
塩 … ひとつまみ
A［薄力粉 … 80g
　ベーキングパウダー
　… ひとつまみ

B［上白糖 … 40g
　湯 … 40g
　バター（食塩不使用、
　またはサラダ油）… 30g

下準備

◎ 卵は2つのボウルに卵黄と卵白に分けて割る。
◎ 卵白は冷蔵庫に入れてしっかり冷やしておく。
◎ Aの粉類は合わせてザルでふるっておく。
◎ オーブンは180℃に予熱しておく。

作り方

卵黄生地を作る

1 卵黄を泡立て器でほぐし、上白糖半量を加えて白っぽくなるまですり混ぜる。

2 小鍋にBの上白糖を入れて中火にかけ、溶けて全体が焦げ茶色になるまで焦がしたら〔ⓐ〕、火を止める。湯を一度に加えて混ぜ〔ⓑ、ⓒ〕、沸騰が落ち着いたらバターを加えて余熱で溶かす〔ⓓ〕。キャラメルが鍋底にかたまるようだったら、弱火にかけて温める。

3 *2*を*1*のボウルに一度に加えて混ぜ、ふるったAも加え、粉気がなくなるまで混ぜる。そこからさらに生地にツヤが出てくるまで20〜30回混ぜる。

メレンゲを作る

1 卵白はハンドミキサーの低速で混ぜる。卵白のコシをシャバシャバになるまでよくほぐし、残りの上白糖半量と塩を加える。

2 高速に切り替え、白く泡立って気泡がモコモコとしてきたら、残りの上白糖を加えてさらに泡立てる。

3 ツヤが出てキメが細かく揃い、すくうとツノが少しお辞儀する程度まで泡立てる。さらに低速に切り替え、20〜30秒泡立てると、さらにキメが揃う。

卵黄生地とメレンゲを混ぜる

1 メレンゲ半量を生地のボウルに入れ、泡立て器で一気に混ぜる。

2 しっかり混ぜたら、これをメレンゲのボウルに入れて混ぜる。

3 泡立て器で底からすくうようにメレンゲと卵黄生地を混ぜ合わせる。泡立て器で大きくすくい、ワイヤーの間を通すように混ぜるとメレンゲへのダメージが少なくなる。

4 メレンゲのスジが見えなくなってきたら、ゴムベラに持ち替え、生地のキメを整えるように20〜30回混ぜる。

型に流し入れて焼く

1 少し高いところから型の1か所に生地を流し入れ、表面を整える。

2 均等な高さで生地が持ち上がるように型の縁まで生地を寄せてならし、焼いてる際中に盛り上がってこぼれ出ないように縁についた生地を丁寧にふく。型の煙突を押さえ、5cmほどの高さからトントンと2回軽く打ちつけて生地をならす。

3 温めたオーブンに入れて25〜28分焼く。膨らんで割れた生地の表面にも焼き色がつくまで焼く。ヤケドしないように注意して取り出し、型ごと逆さにして網にのせて冷ます。

オレンジシナモンのシフォンケーキ

しっかり効かせたコアントローが香るシフォンケーキ。
フワフワの生地には具材が大きいと沈んでしまうので、
みじん切りにしておくことが大切です。

材料〔直径17cmのシフォンケーキ型・1台分〕

卵 … 4個
上白糖 … 50g
塩 … ひとつまみ

A
- 薄力粉 … 70g
- ベーキングパウダー … ひとつまみ
- シナモンパウダー … 小さじ½

B
- コアントロー（または水）… 30g
- 牛乳 … 20g
- サラダ油 … 30g

オレンジピール（砂糖煮）… 40g

下準備

◎ 卵は2つのボウルに卵黄と卵白に分けて割る。
◎ 卵白は冷蔵庫に入れてしっかり冷やしておく。
◎ Aの粉類は合わせてザルでふるっておく。
◎ オーブンは180℃に予熱しておく。
◎ オレンジピールは3〜5mm角にみじん切りにしておく。

作り方

卵黄生地を作る

1 卵黄を泡立て器でほぐし、上白糖半量を加えて白っぽくなるまですり混ぜる。

2 Bを一度に加えて混ぜ合わせる。

3 ふるったAを加え、粉気がなくなるまで混ぜる。そこからさらに生地にツヤが出てくるまで20〜30回混ぜ、刻んだオレンジピールを加えて軽く混ぜる。

メレンゲを作る

1 卵白はハンドミキサーの低速で混ぜて卵白のコシをシャバシャバになるまでよくほぐし、残りの上白糖半量と塩を加える。

2 高速に切り替え、白く泡立って気泡がモコモコとしてきたら、残りの上白糖を加えてさらに泡立てる。

3 泡立てたメレンゲはツヤが出てキメが細かく揃い、すくうとツノが少しお辞儀する程度まで泡立てる。さらに低速に切り替え、20〜30秒泡立てると、さらにキメが揃う。

卵黄生地とメレンゲを混ぜる

1 メレンゲ半量を生地のボウルに入れ、泡立て器で一気に混ぜる。

2 しっかり混ぜたら、これをメレンゲのボウルに入れて混ぜる。

3 泡立て器で底からすくうようにメレンゲと卵黄生地を混ぜ合わせる。泡立て器で大きくすくい、ワイヤーの間を通すように混ぜるとメレンゲへのダメージが少なくなる。

4 メレンゲのスジが見えなくなってきたら、ゴムベラに持ち替え、生地のキメを整えるように20〜30回混ぜる。

型に流し入れて焼く

1 少し高いところから型の1か所に生地を流し入れ、表面を整える。

2 均等な高さで生地が持ち上がるように型の縁まで生地を寄せてならし、焼いてる際中に盛り上がってこぼれ出ないように縁についた生地を丁寧にふく。型の煙突を押さえ、5cmほどの高さからトントンと2回軽く打ちつけて生地をならす。

3 温めたオーブンに入れて25〜28分焼く。膨らんで割れた生地の表面にも焼き色がつくまで焼く。ヤケドしないように注意しながら取り出し、型ごと逆さにして網にのせて冷ます。

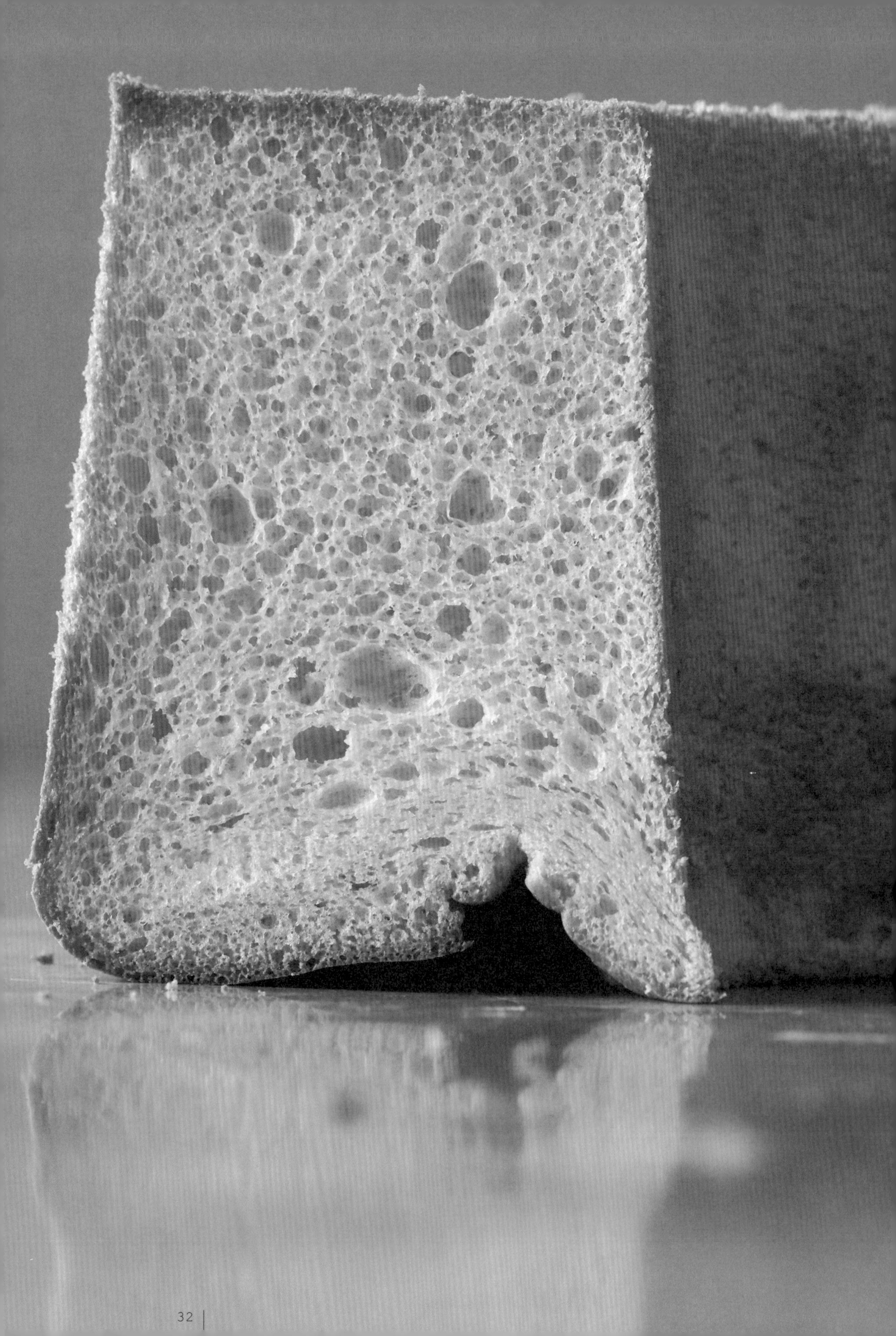

Moist

しっとり生地の
シフォンケーキ

□ 卵黄生地にヨーグルトと牛乳を配合し、
しっとりした口当たりの生地にする。

□ 牛乳は固形の乳脂肪分と水分が混ざった液体なので、
水と同量の配合では水分が足りなくなる。
また脂肪分が高くなり、焼成中にメレンゲを壊して
大穴を開けてしまうことがあるので、
多量の配合で作るときは気をつける。

□ 砂糖には水分を保持する力があるので、
卵黄生地には入れずにメレンゲに全量の砂糖を入れると、
水分を保ったまま、しなやかに強い気泡のメレンゲに泡立てられる。
しかし最初にたくさん入れてしまうと
泡立ちにくくなるので、半量ずつ加えるようして
コシの強いメレンゲにする。

□ メレンゲはキメが細かく揃ってツヤがあり、
少しお辞儀するくらいのツノができるまで泡立てる。

□ メレンゲは生地に混ざったと思っても、
小さい塊が残っていることがあるので
必ずゴムベラでしっかり混ぜる。

しっとり生地の
シフォンケーキ

□ 卵黄生地にヨーグルトと牛乳を配合し、
しっとりした口当たりの生地にする。

□ 牛乳は固形の乳脂肪分と水分が混ざった液体なので、
水と同量の配合では水分が足りなくなる。
また脂肪分が高くなり、焼成中にメレンゲを壊して
大穴を開けてしまうことがあるので、
多量の配合で作るときは気をつける。

□ 砂糖には水分を保持する力があるので、
卵黄生地には入れずにメレンゲに全量の砂糖を入れると、
水分を保ったまま、しなやかに強い気泡のメレンゲに泡立てられる。
しかし最初にたくさん入れてしまうと
泡立ちにくくなるので、半量ずつ加えるようにして
コシの強いメレンゲにする。

□ メレンゲはキメが細かく揃ってツヤがあり、
少しお辞儀するくらいのツノができるまで泡立てる。

□ メレンゲは生地に混ざったと思っても、
小さい塊が残っていることがあるので
必ずゴムべらでしっかり混ぜる。

基本のしっとり
シフォンケーキ

水分にヨーグルトを入れたしっとり食感のシフォンケーキ。
全体的に水分と油分が多いので、食べ応えがあります。
その分しっかりしたメレンゲが必要なので、
材料の砂糖すべてをメレンゲに使って泡立てます。

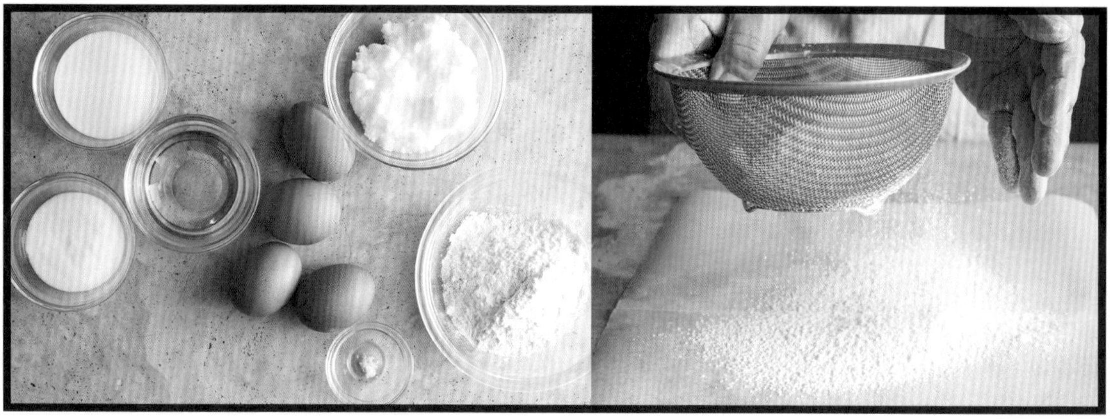

材料〔直径17cmのシフォンケーキ型・1台分〕

卵 … 4個
上白糖 … 60g
塩 … ひとつまみ
薄力粉 … 70g

A
- 牛乳 … 40g
- プレーンヨーグルト（無糖）… 30g
- サラダ油 … 40g

下準備

◎ 卵は2つのボウルに卵黄と卵白に分けて割る。
◎ 卵白は冷蔵庫に入れてしっかり冷やしておく。
◎ 薄力粉はザルでふるっておく。
◎ Aは混ぜて温めておく（沸騰させると分離するので注意）。
◎ オーブンは180℃に予熱しておく。

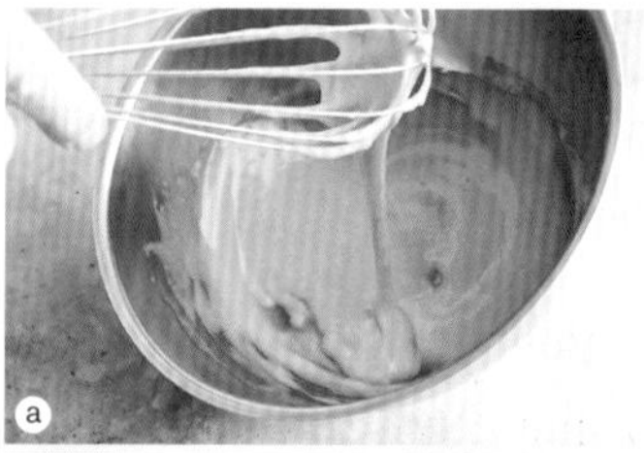
a

b

c

d

作り方

卵黄生地を作る

1 卵黄を泡立て器でほぐし、軽く泡立ててとろみが出るまで混ぜる〔ⓐ〕。

2 Aを一度に加えて混ぜ合わせる〔ⓑ〕。

3 ふるった薄力粉を加え〔ⓒ〕、粉気がなくなるまで混ぜる〔ⓓ〕。そこからさらに生地にツヤが出てくるまで20～30回混ぜる。

メレンゲを作る

1 卵白はハンドミキサーの低速で混ぜる。卵白のコシをシャバシャバになるまでよくほぐし〔ⓐ〕、上白糖の半量と塩を加える〔ⓑ〕。

2 高速に切り替え、白く泡立って気泡がモコモコとしてきたら、残りの上白糖を加えてさらに泡立てる〔ⓒ〕。

3 ツヤが出てキメが細かく揃い、すくうとツノが少しお辞儀する程度まで泡立てる〔ⓓ〕。

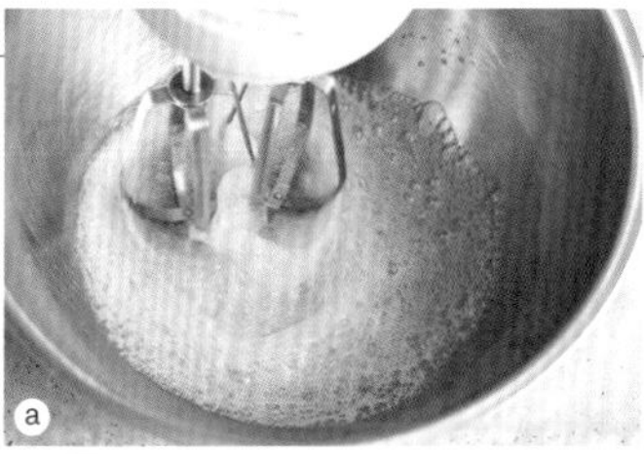
a

b

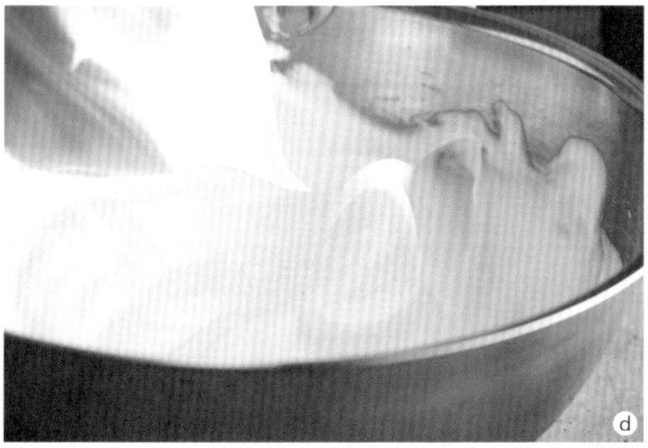
d

c

卵黄生地とメレンゲを混ぜる

1 メレンゲ半量を生地のボウルに入れ、泡立て器で一気に混ぜる。

2 しっかり混ぜたら、これをメレンゲのボウルに入れて混ぜる。

3 泡立て器で底からすくうようにメレンゲと卵黄生地を混ぜ合わせる。泡立て器で大きくすくい、ワイヤーの間を通すように混ぜるとメレンゲへのダメージが少なくなる。

4 メレンゲのスジが見えなくなってきたら、ゴムベラに持ち替え、生地のキメを整えるように30〜50回混ぜる〔写真〕。

型に流し入れて焼く

1 少し高いところから型の1か所に生地を流し入れ〔写真〕、表面を整える。

2 均等な高さで生地が持ち上がるように型の縁まで生地を寄せてならし、焼いてる際中に盛り上がってこぼれ出ないように縁についた生地を丁寧にふく。型の煙突を押さえ、5cmほどの高さから台にトントンと2回軽く打ちつけて生地をならす。

3 温めたオーブンに入れて25〜28分焼く。膨らんで割れた生地の表面にも焼き色がつくまで焼く。ヤケドしないように注意しながら取り出し、型ごと逆さにして網にのせて冷ます。

基本の
しっとり生地で作る
“シフォンロール”

» p.38

基本の しっとり生地で作る "シフォンロール"

基本のしっとり生地を天板に流し込んだら、
丁寧に表面をならしてオーブンへ。
焼き上がったら、しっかり冷ましてから巻いていきます。
しっとりとした生地なので、焼き面を表にしても裏にしても。

材料〔28cm角ロールケーキ天板・1台分〕

卵 … 3個
上白糖 … 50g
塩 … ひとつまみ
薄力粉 … 50g

A
- 牛乳 … 30g
- プレーンヨーグルト（無糖）… 15g
- バター（食塩不使用、またはサラダ油）… 20g

生クリーム … 180g
上白糖 … 小さじ1/2
いちごジャム … 50g

下準備

◎ 卵は2つのボウルに卵黄と卵白に分けて割る。
◎ 卵白は冷蔵庫に入れてしっかり冷やしておく。
◎ 薄力粉はザルでふるっておく。
◎ Aは混ぜて温めておく（沸騰させると分離するので注意）。
◎ いちごジャムは果肉が残っていたら、フォークで潰しておく。
◎ 天板にオーブンシートを敷いておく。
◎ オーブンは180℃に予熱しておく。

作り方

卵黄生地を作る

1 卵黄を泡立て器でほぐし、軽く泡立ててとろみが出るまで混ぜる。

2 Aを一度に加えて混ぜ合わせる。

3 ふるった薄力粉を加え、粉気がなくなるまで混ぜる。そこからさらに生地にツヤが出てくるまで20～30回混ぜる。

メレンゲを作る

1 卵白はハンドミキサーの低速で混ぜる。卵白のコシをシャバシャバになるまでよくほぐし、上白糖半量と塩を加える。

2 高速に切り替え、白く泡立って気泡がモコモコとしてきたら、残りの上白糖を加えてさらに泡立てる。

3 ツヤが出てキメが細かく揃い、すくうとツノが少しお辞儀する程度まで泡立てる。

卵黄生地とメレンゲを混ぜる

1 メレンゲ半量を生地のボウルに入れ、泡立て器で一気に混ぜる

2 しっかり混ぜたら、これをメレンゲのボウルに入れて混ぜる。

3 泡立て器で底からすくうようにメレンゲと卵黄生地を混ぜ合わせる。泡立て器で大きくすくい、ワイヤーの間を通すように混ぜるとメレンゲへのダメージが少なくなる。

4 メレンゲのスジが見えなくなってきたら、ゴムベラに持ち替え、生地のキメを整えるように30〜50回混ぜる。

天板に流し入れて焼く

1 少し高いところから生地を流し入れる〔ⓐ〕。カードを使い、表面を整えながら四隅までしっかり生地を広げる〔ⓑ、ⓒ〕。

2 温めたオーブンに入れて10〜12分焼く。焼き色がつくまで焼いたら、型紙ごと取り出し〔ⓓ〕、網にのせて冷ます。

ロールケーキを組み立てる

1 ボウルに生クリームと上白糖を入れ、底を氷水に当てながらハンドミキサーで7分立てに泡立てる。

2 40 cm × 28 cm大のオーブンシートの上に生地を裏返してのせ、型紙をはがす。

3 ジャムを生地にのせて塗り広げ、*1*のホイップクリームをのせて全体にカードで塗り広げる〔ⓐ〕。巻き始めの部分は厚めに、巻き終わりの部分は薄めにすると巻き上がりがきれいになる〔ⓑ〕。

4 巻き始めの部分をオーブンシートごと持ち上げ〔ⓒ〕、勢いをつけて巻き上げる。定規や菜箸などを当ててオーブンシートを締め上げ、形を整える〔ⓓ〕。

5 オーブンシートごとラップで包み、冷蔵庫で2〜3時間休ませる。休ませることでホイップクリームが生地に馴染んでかたまり、切りやすくなる。休ませたら、温めた包丁で好みの厚さに切る。

きなこ麦茶のシフォンケーキ
» p.42

スパイスチャイのシフォンケーキ

» p.43

きなこ麦茶のシフォンケーキ

香ばしいきなこと麦茶をシフォンケーキに。
香りを出したいので、麦茶はしっかり煮出すこと。
子どものおやつはもちろん、日本茶のおともに。
多くの方に馴染んでいただける味です。

材料〔直径17cmのシフォンケーキ型・1台分〕

卵 … 4個
きび砂糖 … 70g
塩 … ひとつまみ
薄力粉 … 60g
きなこ … 15g

A［麦茶（1ℓ煮出し用麦茶ティーパック）… 1袋
湯 … 15g
牛乳 … 50g］

B［プレーンヨーグルト（無糖）… 20g
サラダ油 … 30g］

下準備

◎ 卵は2つのボウルに卵黄と卵白に分けて割る。
◎ 卵白は冷蔵庫に入れてしっかり冷やしておく。
◎ 薄力粉ときなこは合わせてザルでふるっておく。
◎ Bは混ぜて温めておく（沸騰させると分離するので注意）。
◎ オーブンは180℃に予熱しておく。

作り方

麦茶のベースを作る

1 小鍋にAの麦茶と湯を入れ、蓋をして3分蒸らす。
2 牛乳を加えて中火にかけ、沸騰してきたら弱火にして2分煮出し、Bを加えてさっと混ぜる。

卵黄生地を作る

1 卵黄を泡立て器でほぐし、軽く泡立ててとろみが出るまで混ぜる。
2 麦茶のベースを漉しながら一度に加えて混ぜ合わせる。
3 ふるった薄力粉ときなこを加え、粉気がなくなるまで混ぜる。そこからさらに生地にツヤが出てくるまで20〜30回混ぜる。

メレンゲを作る

1 卵白はハンドミキサーの低速で混ぜる。卵白のコシをシャバシャバになるまでよくほぐし、きび砂糖半量と塩を加える。
2 高速に切り替え、白く泡立って気泡がモコモコとしてきたら、残りのきび砂糖を加えてさらに泡立てる。
3 ツヤが出てキメが細かく揃い、すくうとツノが少しお辞儀する程度まで泡立てる。

卵黄生地とメレンゲを混ぜる

1 メレンゲ半量を生地のボウルに入れ、泡立て器で一気に混ぜる。
2 しっかり混ぜたら、これをメレンゲのボウルに入れて混ぜる。
3 泡立て器で底からすくうようにメレンゲと卵黄生地を混ぜ合わせる。泡立て器で大きくすくい、ワイヤーの間を通すように混ぜるとメレンゲへのダメージが少なくなる。
4 メレンゲのスジが見えなくなってきたら、ゴムベラに持ち替え、生地のキメを整えるように30〜50回混ぜる。

型に流し入れて焼く

1 少し高いところから型の1か所に生地を流し入れ、表面を整える。
2 均等な高さで生地が持ち上がるように型の縁まで生地を寄せてならし、焼いてる際中に盛り上がってこぼれ出ないように縁についた生地を丁寧にふく。型の煙突を押さえ、5cmほどの高さから台にトントンと2回軽く打ちつけて生地をならす。
3 温めたオーブンに入れて25〜28分焼く。膨らんで割れた生地の表面にも焼き色がつくまで焼く。ヤケドしないように注意しながら取り出し、型ごと逆さにして網にのせて冷ます。

スパイスチャイのシフォンケーキ

しょうが、スパイスが香る、
エスニックな風味のシフォンケーキです。
麦茶と同様にしっかり紅茶は煮出すことが大切。
好みの紅茶やスパイスでアレンジするのも楽しいです。

材料〔直径17cmのシフォンケーキ型・1台分〕

卵 … 4個
上白糖 … 60g
塩 … ひとつまみ
薄力粉 … 65g
紅茶葉（ティーパック）… 1袋
シナモンパウダー … 5g
カルダモンパウダー … 2g

A
- 紅茶葉（ティーパック）… 2袋
- しょうがスライス … 2枚
- 湯 … 15g
- 牛乳 … 50g

B
- プレーンヨーグルト（無糖）… 20g
- サラダ油 … 40g

下準備

◎ 卵は2つのボウルに卵黄と卵白に分けて割る。
◎ 卵白は冷蔵庫に入れてしっかり冷やしておく。
◎ 薄力粉はザルでふるっておく。
◎ オーブンは180℃に予熱しておく。

作り方

チャイのベースを作る

1 小鍋にAの紅茶葉、しょうが、湯を入れ、蓋をして3分蒸らす。

2 牛乳を加えて中火にかけ、沸騰してきたら弱火にして2分煮出し、Bを加えてさっと混ぜる〔ⓐ、ⓑ〕。

ⓐ

ⓑ

卵黄生地を作る

1 卵黄を泡立て器でほぐし、軽く泡立ててとろみが出るまで混ぜる。

2 チャイのベースを漉しながら一度に加えて混ぜ合わせる。

3 ふるった薄力粉、紅茶葉、シナモンパウダー、カルダモンパウダーを加え、粉気がなくなるまで混ぜる。そこからさらに生地にツヤが出てくるまで20～30回混ぜる。

メレンゲを作る

1 卵白はハンドミキサーの低速で混ぜる。卵白のコシをシャバシャバになるまでよくほぐし、上白糖半量と塩を加える。

2 高速に切り替え、白く泡立って気泡がモコモコとしてきたら、残りの上白糖を加えてさらに泡立てる。

3 ツヤが出てキメが細かく揃い、すくうとツノが少しお辞儀する程度まで泡立てる。

卵黄生地とメレンゲを混ぜる

1 メレンゲ半量を生地のボウルに入れ、泡立て器で一気に混ぜる。

2 しっかり混ぜたら、これをメレンゲのボウルに入れて混ぜる。

3 泡立て器で底からすくうようにメレンゲと卵黄生地を混ぜ合わせる。泡立て器で大きくすくい、ワイヤーの間を通すように混ぜるとメレンゲへのダメージが少なくなる。

4 メレンゲのスジが見えなくなってきたら、ゴムベラに持ち替え、生地のキメを整えるように30～50回混ぜる。

型に流し入れて焼く

1 少し高いところから型の1か所に生地を流し入れ、表面を整える。

2 均等な高さで生地が持ち上がるように型の縁まで生地を寄せてならし、焼いてる際中に盛り上がってこぼれ出ないように縁についた生地を丁寧にふく。型の煙突を押さえ、5cmほどの高さから台にトントンと2回軽く打ちつけて生地をならす。

3 温めたオーブンに入れて25～28分焼く。膨らんで割れた生地の表面にも焼き色がつくまで焼く。ヤケドしないように注意しながら取り出し、型ごと逆さにして網にのせて冷ます。

黒糖ラムのシフォンケーキ

黒糖とラムの甘さと香りで味の輪郭がはっきりしています。
黒糖は顆粒タイプのものが、作りやすいですが、
ない場合はザルで漉して細かくしてから使用してください。

材料〔直径17cmのシフォンケーキ型・1台分〕

卵 … 4個
黒糖(顆粒タイプ) … 60g
塩 … ひとつまみ
薄力粉 … 70g
A ラム酒 … 30g
　プレーンヨーグルト(無糖) … 30g
　サラダ油 … 40g

下準備

◎ 卵は2つのボウルに卵黄と卵白に分けて割る。
◎ 卵白は冷蔵庫に入れてしっかり冷やしておく。
◎ 薄力粉はザルでふるっておく。
◎ Aは混ぜて温めておく
（沸騰させると分離するので注意）。
◎ オーブンは180℃に予熱しておく。

作り方

卵黄生地を作る

1 卵黄を泡立て器でほぐし、軽く泡立ててとろみが出るまで混ぜる。
2 Aを一度に加えて混ぜ合わせる。
3 ふるった薄力粉を加え、粉気がなくなるまで混ぜる。そこからさらに生地にツヤが出てくるまで20〜30回混ぜる。

メレンゲを作る

1 卵白はハンドミキサーの低速で混ぜる。卵白のコシをシャバシャバになるまでよくほぐし、黒糖半量と塩を加える。
2 高速に切り替え、白く泡立って気泡がモコモコとしてきたら、残りの黒糖を加えてさらに泡立てる。
3 ツヤが出てキメが細かく揃い、すくうとツノが少しお辞儀する程度まで泡立てる。

卵黄生地とメレンゲを混ぜる

1 メレンゲ半量を生地のボウルに入れ、泡立て器で一気に混ぜる。
2 しっかり混ぜたら、これをメレンゲのボウルに入れて混ぜる。
3 泡立て器で底からすくうようにメレンゲと卵黄生地を混ぜ合わせる。泡立て器で大きくすくい、ワイヤーの間を通すように混ぜるとメレンゲへのダメージが少なくなる。
4 メレンゲのスジが見えなくなってきたら、ゴムベラに持ち替え、生地のキメを整えるように30〜50回混ぜる。

型に流し入れて焼く

1 少し高いところから型の1か所に生地を流し入れ、表面を整える。
2 均等な高さで生地が持ち上がるように型の縁まで生地を寄せてならし、焼いてる際中に盛り上がってこぼれ出ないように縁についた生地を丁寧にふく。型の煙突を押さえ、5cmほどの高さから台にトントンと2回軽く打ちつけて生地をならす。
3 温めたオーブンに入れて25〜28分焼く。膨らんで割れた生地の表面にも焼き色がつくまで焼く。ヤケドしないように注意しながら取り出し、型ごと逆さにして網にのせて冷ます。

ココナッツミルクのシフォンケーキ
» p.48

ハニーヨーグルトのシフォンケーキ
» p.49

ココナッツミルクのシフォンケーキ

ココナッツミルクの甘い香りがするシフォンケーキ。
あればココナッツファインを少し加えると、
食感のアクセントが生まれます。

材料〔直径17cmのシフォンケーキ型・1台分〕

卵 … 4個
上白糖 … 60g
塩 … ひとつまみ
薄力粉 … 70g
ココナッツファイン … 適宜

A
- ココナッツミルク … 50g
- プレーンヨーグルト（無糖） … 20g
- サラダ油 … 25g

下準備

◎ 卵は2つのボウルに卵黄と卵白に分けて割る。
◎ 卵白は冷蔵庫に入れてしっかり冷やしておく。
◎ 薄力粉はザルでふるっておく。
◎ Aは混ぜて温めておく（沸騰させると分離するので注意）。
◎ オーブンは180℃に予熱しておく

作り方

卵黄生地を作る

1 卵黄を泡立て器でほぐし、軽く泡立ててとろみが出るまで混ぜる。
2 Aを一度に加えて混ぜ合わせる。
3 ふるった薄力粉、あればココナッツファイン10gを加え、粉気がなくなるまで混ぜる。そこからさらに生地にツヤが出てくるまで20～30回混ぜる。

メレンゲを作る

1 卵白はハンドミキサーの低速で混ぜる。卵白のコシをシャバシャバになるまでよくほぐし、上白糖半量と塩を加える。
2 高速に切り替え、白く泡立って気泡がモコモコとしてきたら、残りの上白糖を加えてさらに泡立てる。
3 ツヤが出てキメが細かく揃い、すくうとツノが少しお辞儀する程度まで泡立てる。

卵黄生地とメレンゲを混ぜる

1 メレンゲ半量を生地のボウルに入れ、泡立て器で一気に混ぜる。
2 しっかり混ぜたら、これをメレンゲのボウルに入れて混ぜる。
3 泡立て器で底からすくうようにメレンゲと卵黄生地を混ぜ合わせる。泡立て器で大きくすくい、ワイヤーの間を通すように混ぜるとメレンゲへのダメージが少なくなる。
4 メレンゲのスジが見えなくなってきたら、ゴムベラに持ち替え、生地のキメを整えるように30～50回混ぜる。

型に流し入れて焼く

1 少し高いところから型の1か所に生地を流し入れ、表面を整える。
2 均等な高さで生地が持ち上がるように型の縁まで生地を寄せてならし、焼いてる際中に盛り上がってこぼれ出ないように縁についた生地を丁寧にふく。型の煙突を押さえ、5cmほどの高さから台にトントンと2回軽く打ちつけて生地をならす。
3 温めたオーブンに入れて25～28分焼く。膨らんで割れた生地の表面にも焼き色がつくまで焼く。ヤケドしないように注意しながら取り出し、型ごと逆さにして網にのせて冷ます。

ハニーヨーグルトのシフォンケーキ

コクと風味があるはちみつを使います。
水分はヨーグルトのみなので、
よりしっとりとして食べ応えのある食感に。

材料〔直径17cmのシフォンケーキ型・1台分〕

卵 … 4個
上白糖 … 50g
塩 … ひとつまみ
薄力粉 … 80g
A はちみつ … 30g
　プレーンヨーグルト（無糖） … 70g
　サラダ油 … 30g

下準備

◎ 卵は2つのボウルに卵黄と卵白に分けて割る。
◎ 卵白は冷蔵庫に入れてしっかり冷やしておく。
◎ 薄力粉はザルでふるっておく。
◎ Aは混ぜて温めておく（沸騰させると分離するので注意）。
◎ オーブンは180℃に予熱しておく。

作り方

卵黄生地を作る

1 卵黄を泡立て器でほぐし、軽く泡立ててとろみが出るまで混ぜる。

2 Aを一度に加えて混ぜ合わせる。

3 ふるった薄力粉を加え、粉気がなくなるまで混ぜる。そこからさらに生地にツヤが出てくるまで20〜30回混ぜる。

メレンゲを作る

1 卵白はハンドミキサーの低速で混ぜる。卵白のコシをシャバシャバになるまでよくほぐし、上白糖半量と塩を加える。

2 高速に切り替え、白く泡立って気泡がモコモコとしてきたら、残りの上白糖を加えてさらに泡立てる。

3 ツヤが出てキメが細かく揃い、すくうとツノが少しお辞儀する程度まで泡立てる。

卵黄生地とメレンゲを混ぜる

1 メレンゲ半量を生地のボウルに入れ、泡立て器で一気に混ぜる。

2 しっかり混ぜたら、これをメレンゲのボウルに入れて混ぜる。

3 泡立て器で底からすくうようにメレンゲと卵黄生地を混ぜ合わせる。泡立て器で大きくすくい、ワイヤーの間を通すように混ぜるとメレンゲへのダメージが少なくなる。

4 メレンゲのスジが見えなくなってきたら、ゴムベラに持ち替え、生地のキメを整えるように30〜50回混ぜる。

型に流し入れて焼く

1 少し高いところから型の1か所に生地を流し入れ、表面を整える。

2 均等な高さで生地が持ち上がるように型の縁まで生地を寄せてならし、焼いてる際中に盛り上がってこぼれ出ないように縁についた生地を丁寧にふく。型の煙突を押さえ、5cmほどの高さから台にトントンと2回軽く打ちつけて生地をならす。

3 温めたオーブンに入れて25〜28分焼く。膨らんで割れた生地の表面にも焼き色がつくまで焼く。ヤケドしないように注意しながら取り出し、型ごと逆さにして網にのせて冷ます。

烏龍ライチのシフォンケーキ

台湾の人気フレイバーを思わせる、
澄んだ味わいの烏龍茶とライチの香りを合わせました。
生地にライチが沈んでしまわないように刻んでから加えます。

材料〔直径17cmのシフォンケーキ型・1台分〕

卵 … 4個
きび砂糖 … 60g
塩 … ひとつまみ
薄力粉 … 70g
セミドライライチ
（生解凍品なら30g）… 40g

A
- 烏龍茶葉 … 3g
- 湯 … 15g
- 牛乳 … 50g

B
- プレーンヨーグルト（無糖）… 20g
- サラダ油 … 40g

下準備

◎ 卵は2つのボウルに卵黄と卵白に分けて割る。
◎ 卵白は冷蔵庫に入れてしっかり冷やしておく。
◎ 薄力粉はザルでふるっておく。
◎ オーブンは180℃に予熱しておく。
◎ セミドライライチは3〜5mm角にみじん切りにしておく。

作り方

烏龍茶のベースを作る

1 小鍋にAの烏龍茶葉と湯を入れ、蓋をして3分蒸らす。

2 牛乳を加えて中火にかけ、沸騰してきたら弱火にして2分煮出し、Bを加えてさっと混ぜる。

卵黄生地を作る

1 卵黄を泡立て器でほぐし、軽く泡立ててとろみが出るまで混ぜる。

2 烏龍茶のベースを漉しながら一度に加えて混ぜ合わせる。ふるった薄力粉を加え、粉気がなくなるまで混ぜる。そこからさらに生地にツヤが出てくるまで20〜30回混ぜ、刻んだセミドライライチを加えてさっと混ぜる。

メレンゲを作る

1 卵白はハンドミキサーの低速で混ぜる。卵白のコシをシャバシャバになるまでよくほぐし、きび砂糖半量と塩を加える。

2 高速に切り替え、白く泡立って気泡がモコモコとしてきたら、残りのきび砂糖を加えてさらに泡立てる。

3 ツヤが出てキメが細かく揃い、すくうとツノが少しお辞儀する程度まで泡立てる。

卵黄生地とメレンゲを混ぜる

1 メレンゲ半量を生地のボウルに入れ、泡立て器で一気に混ぜる。

2 しっかり混ぜたら、これをメレンゲのボウルに入れて混ぜる。

3 泡立て器で底からすくうようにメレンゲと卵黄生地を混ぜ合わせる。泡立て器で大きくすくい、ワイヤーの間を通すように混ぜるとメレンゲへのダメージが少なくなる。

4 メレンゲのスジが見えなくなってきたら、ゴムベラに持ち替え、生地のキメを整えるように30〜50回混ぜる。

型に流し入れて焼く

1 少し高いところから型の1か所に生地を流し入れ、表面を整える。

2 均等な高さで生地が持ち上がるように型の縁まで生地を寄せてならし、焼いてる際中に盛り上がってこぼれ出ないように縁についた生地を丁寧にふく。型の煙突を押さえ、5cmほどの高さから台にトントンと2回軽く打ちつけて生地をならす。

3 温めたオーブンに入れて25〜28分焼く。膨らんで割れた生地の表面にも焼き色がつくまで焼く。ヤケドしないように注意しながら取り出し、型ごと逆さにして網にのせて冷ます。

レモンポピーシードのシフォンケーキ

プチプチした食感のポピーシードをアクセントに
レモンの香りと酸味を合わせました。
あればベーキングパウダーを混ぜると上手に膨らみます。

材料〔直径17cmのシフォンケーキ型・1台分〕

卵 … 4個
上白糖 … 70g
塩 … ひとつまみ
薄力粉 … 80g
レモンの皮（ノーワックス）… 1個分
ポピーシード（青けしの実）… 20g

A
- レモン果汁* … 30g
- プレーンヨーグルト（無糖）… 30g
- サラダ油 … 40g

＊レモン果汁の酸はメレンゲや生地のつながりを妨げる。このままでも作れるが、薄力粉にベーキングパウダーを小さじ1/2混ぜると、焼成中に生地が液状化してペチャンコになるのを防ぐことができる。

下準備

◎ 卵は2つのボウルに卵黄と卵白に分けて割る。
◎ 卵白は冷蔵庫に入れてしっかり冷やしておく。
◎ 薄力粉はザルでふるっておく。
◎ Aは混ぜて温めておく
（沸騰させると分離するので注意）。
◎ オーブンは180℃に予熱しておく。
◎ レモンは黄色い表皮をゼスター、または
おろし金で削っておく。

作り方

卵黄生地を作る

1 卵黄を泡立て器でほぐし、軽く泡立ててとろみが出るまで混ぜる。

2 Aを一度に加えて混ぜ合わせる。

3 ふるった薄力粉、削ったレモンの皮、ポピーシードを加え、粉気がなくなるまで混ぜる。そこからさらに生地にツヤが出てくるまで20～30回混ぜる

メレンゲを作る

1 卵白はハンドミキサーの低速で混ぜる。卵白のコシをシャバシャバになるまでよくほぐし、上白糖半量と塩を加える。

2 高速に切り替え、白く泡立って気泡がモコモコとしてきたら、残りの上白糖を加えてさらに泡立てる。

3 ツヤが出てキメが細かく揃い、すくうとツノが少しお辞儀する程度まで泡立てる。

卵黄生地とメレンゲを混ぜる

1 メレンゲ半量を生地のボウルに入れ、泡立て器で一気に混ぜる。

2 しっかり混ぜたら、これをメレンゲのボウルに入れて混ぜる。

3 泡立て器で底からすくうようにメレンゲと卵黄生地を混ぜ合わせる。泡立て器で大きくすくい、ワイヤーの間を通すように混ぜるとメレンゲへのダメージが少なくなる。

4 メレンゲのスジが見えなくなってきたら、ゴムベラに持ち替え、生地のキメを整えるように30～50回混ぜる。

型に流し入れて焼く

1 少し高いところから型の1か所に生地を流し入れ、表面を整える。

2 均等な高さで生地が持ち上がるように型の縁まで生地を寄せてならし、焼いてる際中に盛り上がってこぼれ出ないように縁についた生地を丁寧にふく。型の煙突を押さえ、5cmほどの高さから台にトントンと2回軽く打ちつけて生地をならす。

3 温めたオーブンに入れて25～28分焼く。膨らんで割れた生地の表面にも焼き色がつくまで焼く。ヤケドしないように注意しながら取り出し、型ごと逆さにして網にのせて冷ます。

にんじんのカップシフォンケーキ

おやつにもとても食べやすく、
子どもに作ってあげたいカップシフォン。
にんじんの甘みが加わるので、お砂糖は控えめです。

材料〔直径5cmのマフィンカップ型*・7～8個分〕

卵 … 3個
きび砂糖 … 30g
塩 … ひとつまみ
薄力粉 … 50g
シナモンパウダー（または好みのスパイス）… 少々
にんじん（シュレッド）… 80g
（すりおろしの場合は70g）
くるみ … 20g
A ［プレーンヨーグルト（無糖）… 20g
 サラダ油 … 20g

＊マフィンカップ型は背が高い、自立型がよい。

下準備

◎ 卵は2つのボウルに卵黄と卵白に分けて割る。
◎ 卵白は冷蔵庫に入れてしっかり冷やしておく。
◎ 薄力粉はザルでふるっておく。
◎ にんじんはチーズおろしでシュレッド状にする。なければ、おろし金ですりおろし、70gを用意する。
◎ くるみは3mm角に刻んでおく。
◎ Aは混ぜて温めておく（沸騰させると分離するので注意）。
◎ オーブンは180℃に予熱しておく。

作り方

卵黄生地を作る

1 卵黄を泡立て器でほぐし、軽く泡立ててとろみが出るまで混ぜる。

2 Aを一度に加えて混ぜ合わせる。

3 ふるった薄力粉とシナモンパウダーを加え、粉気がなくなるまで混ぜる。そこからさらに生地にツヤが出てくるまで20～30回混ぜ、シュレッド状にしたにんじんを加えてさっと混ぜる。

メレンゲを作る

1 卵白はハンドミキサーの低速で混ぜる。卵白のコシをシャバシャバになるまでよくほぐし、きび砂糖半量と塩を加える

2 高速に切り替え、白く泡立って気泡がモコモコとしてきたら、残りのきび砂糖を加えてさらに泡立てる。

3 ツヤが出てキメが細かく揃い、すくうとツノが少しお辞儀する程度まで泡立てる。

卵黄生地とメレンゲを混ぜる

1 メレンゲ半量を生地のボウルに入れ、泡立て器で一気に混ぜる。

2 しっかり混ぜたら、これをメレンゲのボウルに入れて混ぜる。

3 泡立て器で底からすくうようにメレンゲと卵黄生地を混ぜ合わせる。泡立て器で大きくすくい、ワイヤーの間を通すように混ぜるとメレンゲへのダメージが少なくなる。

4 メレンゲのスジが見えなくなってきたら、ゴムベラに持ち替え、生地のキメを整えるように30～50回混ぜる。

カップに流し入れて焼く

1 カップに均等に生地を流し入れ、くるみを上から散らす。

2 カップの端をつまんで台にトントンと2回軽く打ちつけて生地をならす。

3 天板に並べ、温めたオーブンに入れて18～20分焼く。生地の表面に焼き色がつくまでしっかり焼けたら、天板ごと網にのせて冷ます。

Moist & Chewy

もっちり生地の
シフォンケーキ

- □ 最初に薄力粉に水分と油脂を混ぜ込み、
粉に水分をしっかり含ませて生地のコシを鍛え、
食感を引き出す。
その結果卵黄生地にツヤととろみが出る。
また水分を混ぜ合わせるときに
塩分を加えることで、より引きの強いコシが出る。

- □ 水分にヨーグルトを使用し、
焼き上がりにしっとりとした食感を出す。

- □ ヨーグルトの重さと酸味は少量の牛乳で和らげる。

- □ 気泡の入っていない、引きと水分のある、とろりとした生地に
かたさやコシが強いメレンゲを加えてしまうと混ざりにくい。
たくさん混ぜてしまうと、メレンゲが消えてしまうので、
メレンゲは最初に全量の砂糖を加えて泡立て、
やわらかくてツノが深くお辞儀するかたさに泡立てる。

Moist Chewy

もっちり生地のシフォンケーキ

□最初に薄力粉に水分と油脂を混ぜ込み、
粉に水分をしっかり含ませて生地のコシを鍛え、
食感を引き出す。
その結果卵黄生地にツヤととろみが出る。
また水分を混ぜ合わせるときに
塩分を加えることで、より引きの強いコシが出る。

□水分にヨーグルトを使用し、
焼き上がりにしっとりとした食感を出す。

□ヨーグルトの重さと酸味は少量の牛乳で和らげる。

□気泡の入っていない、引きと水分のある、とろりとした生地に
かたさのコシが強いメレンゲを加えてしまうと混ざりにくい。
たくさん混ぜてしまうと、メレンゲが消えてしまうので、
メレンゲは最初に全量の砂糖を加えて泡立て、
やわらかくてツノが深くお辞儀するかたさに泡立てる。

基本のもっちり
シフォンケーキ

もっちり生地の特徴は粉を混ぜたら、
少し置いてグルテンを引き出すことで、
食感のしっかりとしたシフォンケーキに仕上げていること。
メレンゲも生地と混ざりやすいようにやわらかく泡立てます。

材料〔直径17cmのシフォンケーキ型・1台分〕

卵 … 4個
上白糖 … 60g
薄力粉 … 70g
塩 … ひとつまみ
A［プレーンヨーグルト（無糖）… 50g
　牛乳 … 15g
　サラダ油 … 20g

下準備

◎ 卵は2つのボウルに卵黄と卵白に分けて割る。
◎ 卵白は冷蔵庫に入れてしっかり冷やしておく。
◎ 薄力粉はザルでふるっておく。
◎ オーブンは180℃に予熱しておく。

作り方

卵黄生地を作る

1 ボウルにふるった薄力粉、塩、Aを一度に加える〔ⓐ〕。ゴムベラで粉気がなくなるまで練り混ぜ〔ⓑ、ⓒ〕、ボウルにラップを被せて15分置いて水和させる〔ⓓ〕。

2 卵黄を加え、泡立て器で混ぜ合わせる〔ⓔ〕。とろみがあって、ツヤのあるなめらかな生地になるまで混ぜる〔ⓕ〕。

メレンゲを作る

1 卵白はハンドミキサーの低速で混ぜる。卵白のコシをシャバシャバになるまでよくほぐす〔ⓐ〕。

2 上白糖全量を加え〔ⓑ〕、高速に切り替えてキメの細かいしなりのあるメレンゲを作っていく〔ⓒ〕。

3 ツヤが出てキメが細かく揃い、モコモコしているがしなりがあり、すくうとツノが立たずに深くお辞儀する程度まで泡立てる〔ⓓ〕。

卵黄生地とメレンゲを混ぜる

1 メレンゲ半量を生地のボウルに入れ、泡立て器で一気に混ぜる。

2 しっかり混ぜたら、これをメレンゲのボウルに入れて混ぜる〔写真〕。

3 泡立て器で底からすくうようにメレンゲと卵黄生地を混ぜ合わせる。泡立て器で大きくすくい、ワイヤーの間を通すように混ぜるとメレンゲへのダメージが少なくなる。

4 メレンゲのスジが見えなくなってきたら、ゴムベラに持ち替え、生地のキメを整えるように20〜30回混ぜる。

型に流し入れて焼く

1 少し高いところから型の1か所に生地を流し入れ〔写真〕、表面を整える。

2 均等な高さで生地が持ち上がるように型の縁まで生地を寄せてならし、焼いてる際中に盛り上がってこぼれ出ないように縁についた生地を丁寧にふく。型の煙突を押さえ、5cmほどの高さから台にトントンと2回軽く打ちつけて生地をならす。

3 温めたオーブンに入れて28〜30分焼く。膨らんで割れた生地の表面にも焼き色がつくまで焼く。ヤケドしないように注意しながら取り出し、型ごと逆さにして網にのせて冷ます。

80g flour
one pinch Salt
100g banana
40g Yogurt
oil

バナナのシフォンケーキ
» p.63

バナナのシフォンケーキ

バナナは完熟タイプを使うのがおすすめですが、
もし青いものであれば、レンジで1分加熱するとよいでしょう。
バナナの甘い香りと甘さは、誰からも好まれるシフォンケーキです。

材料〔直径17cmのシフォンケーキ型・1台分〕

卵 … 4個
きび砂糖 … 60g
薄力粉 … 80g
塩 … ひとつまみ
バナナ（約1本）… 100g
A［プレーンヨーグルト（無糖）… 40g
　 サラダ油 … 20g

下準備

◎ 卵は2つのボウルに卵黄と卵白に分けて割る。
◎ 卵白は冷蔵庫に入れてしっかり冷やしておく。
◎ 薄力粉はザルでふるっておく。
◎ オーブンは180℃に予熱しておく。

作り方

卵黄生地を作る

1 ボウルに皮をむいたバナナを入れ、ゴムベラで粗く潰す〔ⓐ〕。

2 ふるった薄力粉、塩、Aを一度に加える。ゴムベラでバナナをさらに潰しながら粉気がなくなるまで練り混ぜ〔ⓑ、ⓒ〕、ボウルにラップを被せて15分置いて水和させる。

3 卵黄を加え、泡立て器で混ぜ合わせる。とろみがあって、ツヤのあるなめらかな生地になるまで混ぜる。

メレンゲを作る

1 卵白はハンドミキサーの低速で混ぜる。卵白のコシをシャバシャバになるまでよくほぐす。

2 きび砂糖全量を加え、高速に切り替えてキメの細かいしなりのあるメレンゲを作っていく。

3 ツヤが出てキメが細かく揃い、モコモコしているがしなりがあり、すくうとツノが立たずに深くお辞儀する程度まで泡立てる。

卵黄生地とメレンゲを混ぜる

1 メレンゲ半量を生地のボウルに入れ、泡立て器で一気に混ぜる。

2 しっかり混ぜたら、これをメレンゲのボウルに入れて混ぜる。

3 泡立て器で底からすくうようにメレンゲと卵黄生地を混ぜ合わせる。泡立て器で大きくすくい、ワイヤーの間を通すように混ぜるとメレンゲへのダメージが少なくなる。

4 メレンゲのスジが見えなくなってきたら、ゴムベラに持ち替え、生地のキメを整えるように20〜30回混ぜる。

型に流し入れて焼く

1 少し高いところから型の1か所に生地を流し入れ、表面を整える。

2 均等な高さで生地が持ち上がるように型の縁まで生地を寄せてならし、焼いてる際中に盛り上がってこぼれ出ないように縁についた生地を丁寧にふく。型の煙突を押さえ、5cmほどの高さから台にトントンと2回軽く打ちつけて生地をならす。

3 温めたオーブンに入れて28〜30分焼く。膨らんで割れた生地の表面にも焼き色がつくまで焼く。ヤケドしないように注意しながら取り出し、型ごと逆さにして網にのせて冷ます。

a

b

c

パインバジルのシフォンケーキ

パインとバジルの意外な組み合わせは、
クセになる美味しさです。
果物とハーブの組み合わせは新しい味の発見に。
自分好みの組み合わせを探してみるのも楽しいです。

材料〔直径17cmのシフォンケーキ型・1台分〕

卵 … 4個
上白糖 … 60g
薄力粉 … 70g
塩 … ひとつまみ
セミドライパイン … 40g
バジルの葉 … 4～5枚
A ┌プレーンヨーグルト（無糖）… 50g
　│牛乳 … 15g
　└サラダ油 … 20g

下準備

◎ 卵は2つのボウルに卵黄と卵白に分けて割る。
◎ 卵白は冷蔵庫に入れてしっかり冷やしておく。
◎ 薄力粉はザルでふるっておく。
◎ セミドライパインは3mm角に刻んでおく。
◎ オーブンは180℃に予熱しておく。

作り方

卵黄生地を作る

1 ボウルにふるった薄力粉、塩、Aを一度に加える。粉気がなくなるまで練り混ぜ、ボウルにラップを被せて15分置いて水和させる。

2 卵黄と刻んだセミドライパインを加え、泡立て器で混ぜ合わせる。とろみがあって、ツヤのあるなめらかな生地になるまで混ぜる。

メレンゲを作る

1 卵白はハンドミキサーの低速で混ぜる。卵白のコシをシャバシャバになるまでよくほぐす。

2 上白糖全量を加え、高速に切り替えてキメの細かいしなりのあるメレンゲを作っていく。

3 ツヤが出てキメが細かく揃い、モコモコしているがしなりがあり、すくうとツノが立たずに深くお辞儀する程度まで泡立てる。

卵黄生地とメレンゲを混ぜる

1 メレンゲ半量を生地のボウルに入れ、泡立て器で一気に混ぜる。

2 しっかり混ぜたら、これをメレンゲのボウルに入れて混ぜる。

3 泡立て器で底からすくうようにメレンゲと卵黄生地を混ぜ合わせる。泡立て器で大きくすくい、ワイヤーの間を通すように混ぜるとメレンゲへのダメージが少なくなる。

4 メレンゲのスジが見えなくなってきたら、ゴムベラに持ち替える、生地のキメを整えるように20～30回混ぜ、バジルの葉をちぎって加え、さっと混ぜる。

型に流し入れて焼く

1 少し高いところから型の1か所に生地を流し入れ、表面を整える。

2 均等な高さで生地が持ち上がるように型の縁まで生地を寄せてならし、焼いてる際中に盛り上がってこぼれ出ないように縁についた生地を丁寧にふく。型の煙突を押さえ、5cmほどの高さから台にトントンと2回軽く打ちつけて生地をならす。

3 温めたオーブンに入れて28～30分焼く。膨らんで割れた生地の表面にも焼き色がつくまで焼く。ヤケドしないように注意しながら取り出し、型ごと逆さにして網にのせて冷ます。

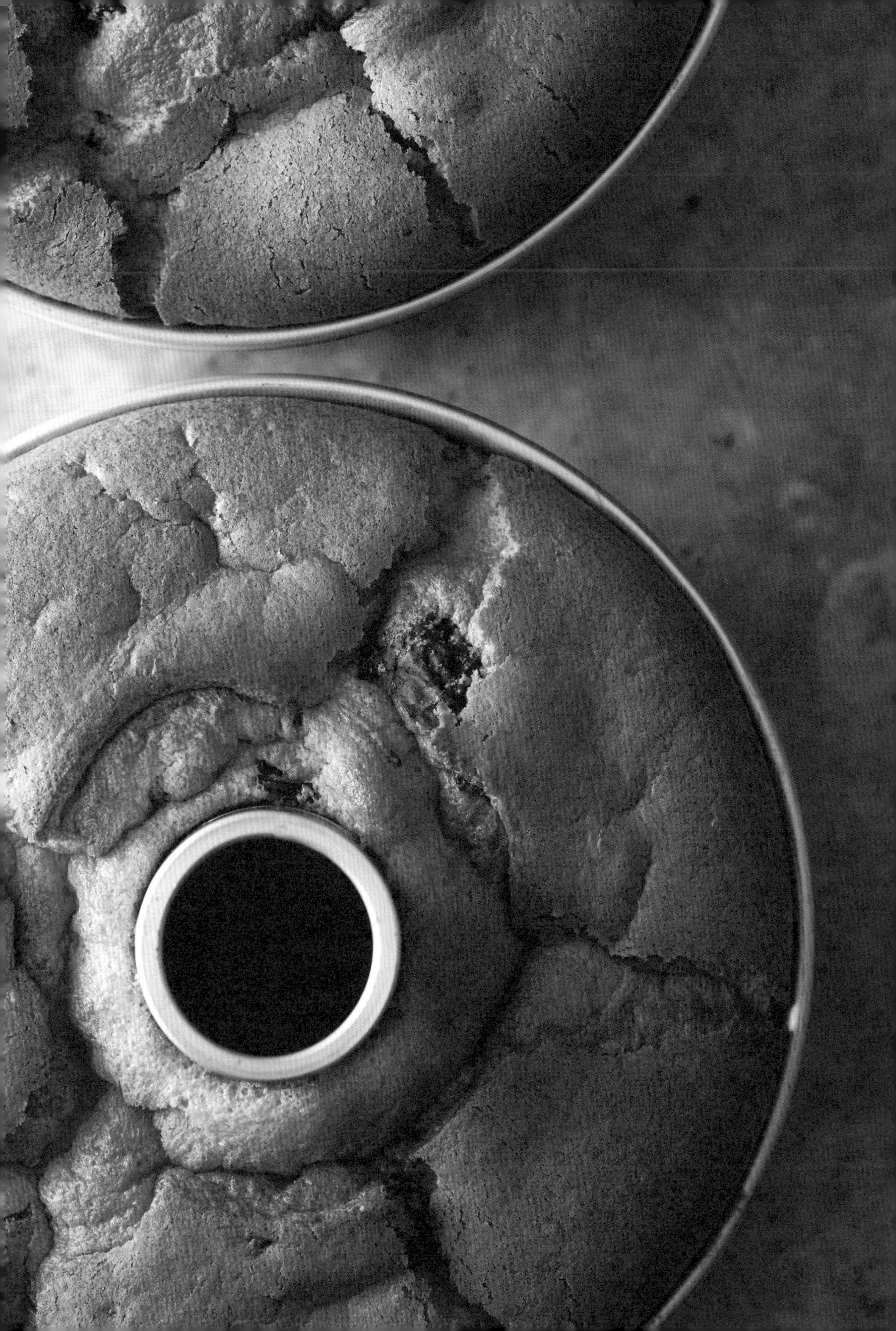

かぼちゃのカップシフォンケーキ

» p.68

クリームチーズアーモンドのシフォンケーキ

» p.69

かぼちゃのカップシフォンケーキ

蒸したかぼちゃの甘みが楽しめます。
さつまいもで作ってもよいでしょう。
優しい甘みが喜ばれるレシピです。

材料〔直径5cmのマフィンカップ型*・7〜8個分〕

卵 … 3個
上白糖 … 40g
薄力粉 … 50g
塩 … ひとつまみ
かぼちゃ … 100g（正味）

A
- プレーンヨーグルト（無糖）… 30g
- 牛乳 … 10g
- サラダ油 … 15g

＊マフィンカップ型は背が高い、自立型がよい。

下準備

◎ 卵は2つのボウルに卵黄と卵白に分けて割る。
◎ 卵白は冷蔵庫に入れてしっかり冷やしておく。
◎ 薄力粉はザルでふるっておく。
◎ オーブンは180℃に予熱しておく。

作り方

卵黄生地を作る

1 かぼちゃはワタを取り除き、5cm大に切って耐熱皿に並べる。水大さじ1をふり、ラップを被せて600Wの電子レンジで2分加熱する。粗熱が取れたら実をこそぎ、皮は3mm角に刻む〔写真〕。

2 ボウルにAを一度に入れ、ゴムベラでさっと混ぜ合わせる。かぼちゃの実、ふるった薄力粉、塩を加え、ゴムベラでかぼちゃを潰しながら粉気がなくなるまで練り混ぜる。ボウルにラップを被せて15分置いて水和させる。

3 卵黄を加え、泡立て器で混ぜ合わせる。とろみがあって、ツヤのあるなめらかな生地になるまで混ぜる。

メレンゲを作る

1 卵白はハンドミキサーの低速で混ぜる。卵白のコシをシャバシャバになるまでよくほぐす。

2 上白糖全量を加え、高速に切り替えてキメの細かいしなりのあるメレンゲを作っていく。

3 ツヤが出てキメが細かく揃い、モコモコしているがしなりがあり、すくうとツノが立たずに深くお辞儀する程度まで泡立てる。

卵黄生地とメレンゲを混ぜる

1 メレンゲ半量を生地のボウルに入れ、泡立て器で一気に混ぜる。

2 しっかり混ぜたら、これをメレンゲのボウルに入れて混ぜる。

3 泡立て器で底からすくうようにメレンゲと卵黄生地を混ぜ合わせる。泡立て器で大きくすくい、ワイヤーの間を通すように混ぜるとメレンゲへのダメージが少なくなる。

4 メレンゲのスジが見えなくなってきたら、ゴムベラに持ち替える。生地のキメを整えるように20〜30回混ぜ、かぼちゃの皮を加えてさっと混ぜる。

カップに流し入れて焼く

1 カップに均等に生地を流し入れ、カップの端をつまんで台にトントンと2回軽く打ちつけて生地をならす。

2 天板に並べ、温めたオーブンに入れて18〜20分焼く。

3 生地の表面に焼き色がつくまでしっかり焼けたら、天板ごと網にのせて冷ます。

クリームチーズアーモンドのシフォンケーキ

バットで作るシフォンケーキです。
卵は少なめ、その代わりにクリームチーズが多く入っています。
シフォンが膨らむので、オーブンシートは少し大きめに敷いて。

材料〔16×21×高さ3cmのバット・1台分〕

卵 … 2個
上白糖 … 40g
薄力粉 … 50g
塩 … ひとつまみ
クリームチーズ … 100g
スライスアーモンド … 20g
A［牛乳 … 30g
　サラダ油 … 20g
　レモン果汁 … 10g

下準備

◎ 卵は2つのボウルに卵黄と卵白に分けて割る。
◎ 卵白は冷蔵庫に入れてしっかり冷やしておく。
◎ 薄力粉はザルでふるっておく。
◎ クリームチーズは常温に戻しておく。
◎ バットに大きめにオーブンシートを敷いておく（側面から3～4cmオーブンシートがはみ出る程度）。
◎ オーブンは170℃に予熱しておく。

作り方

卵黄生地を作る

1 ボウルにAを一度に入れ、ふるった薄力粉、塩、クリームチーズを加えて混ぜ合わせる。ゴムベラでクリームチーズを潰しながら粉気がなくなるまで練り混ぜ、ボウルにラップを被せて15分置いて水和させる。

2 卵黄を加え、泡立て器で混ぜ合わせる。とろみがあって、ツヤのあるなめらかな生地になるまで混ぜる。

メレンゲを作る

1 卵白はハンドミキサーの低速で混ぜる。卵白のコシをシャバシャバになるまでよくほぐす。

2 上白糖全量を加え、高速に切り替えてキメの細かいしなりのあるメレンゲを作っていく。

3 ツヤが出てキメが細かく揃い、モコモコしているがしなりがあり、すくうとツノが立たずに深くお辞儀する程度まで泡立てる。

卵黄生地とメレンゲを混ぜる

1 メレンゲ半量を生地のボウルに入れ、泡立て器で一気に混ぜる。

2 しっかり混ぜたら、これをメレンゲのボウルに入れて混ぜる。

3 泡立て器で底からすくうようにメレンゲと卵黄生地を混ぜ合わせる。泡立て器で大きくすくい、ワイヤーの間を通すように混ぜるとメレンゲへのダメージが少なくなる。

4 メレンゲのスジが見えなくなってきたら、ゴムベラに持ち替え、生地のキメを整えるように20～30回混ぜる。

バットに流し入れて焼く

1 少し高いところから型の1か所に生地を流し入れ〔ⓐ〕、表面を整える。

2 5cmほどの高さから台にトントンと2回軽く打ちつけて生地をならし〔ⓑ〕、表面を整えてスライスアーモンドを散らす〔ⓒ〕。

3 温めたオーブンに入れて28～30分焼く。バットごとクーラーにのせて冷ます。冷蔵庫で冷やして食べても。

a

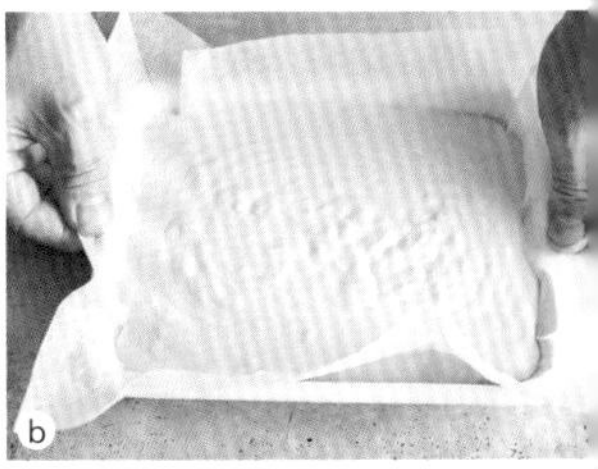
b

c

甘酒桜のシフォンケーキ

桜の花の塩気と香りがアクセントです。
また米粉を使うことで、もっちりと引きのある食感に。
薄力粉で作る場合は、米粉よりも分量をやや少なくします。

材料〔直径17cmのシフォンケーキ型・1台分〕

卵 … 4個
きび砂糖 … 40g
米粉 … 85g（または薄力粉70g）
桜の花の塩漬け … 30g
A［甘酒 … 80g
　 サラダ油 … 30g

下準備

◎ 卵は2つのボウルに卵黄と卵白に分けて割る。
◎ 卵白は冷蔵庫に入れてしっかり冷やしておく。
◎ 米粉はザルでふるっておく。
◎ オーブンは180℃に予熱しておく。

作り方

卵黄生地を作る

1 桜の花の塩漬けはたっぷりの水に10分浸して塩抜きするす〔ⓐ〕。水気をきり、かたい部分を取り除き、一輪ずつ切り離す〔ⓑ〕。

2 ボウルにふるった米粉、1の桜の塩漬け、Aを一度に入れて混ぜ合わせる。粉気がなくなるまで練り混ぜ、ボウルにラップを被せて15分置いて水和させる。

メレンゲを作る

1 卵白はハンドミキサーの低速で混ぜる。卵白のコシをシャバシャバになるまでよくほぐす。

2 きび砂糖全量を加え、高速に切り替えてキメの細かいしなりのあるメレンゲを作っていく。

3 ツヤが出てキメが細かく揃い、モコモコしているがしなりがあり、すくうとツノが立たずに深くお辞儀する程度まで泡立てる。

卵黄生地とメレンゲを混ぜる

1 メレンゲ半量を生地のボウルに入れ、泡立て器で一気に混ぜる。

2 しっかり混ぜたら、これをメレンゲのボウルに入れて混ぜる。

3 泡立て器で底からすくうようにメレンゲと卵黄生地を混ぜ合わせる。泡立て器で大きくすくい、ワイヤーの間を通すように混ぜるとメレンゲへのダメージが少なくなる。

4 メレンゲのスジが見えなくなってきたら、ゴムベラに持ち替え、生地のキメを整えるように30〜50回混ぜる。

型に流し入れて焼く

1 少し高いところから型の1か所に生地を流し入れ、表面を整える。

2 均等な高さで生地が持ち上がるように型の縁まで生地を寄せてならし、焼いてる際中に盛り上がってこぼれ出ないように縁についた生地を丁寧にふく。型の煙突を押さえ、5cmほどの高さから台にトントンと2回軽く打ちつけて生地をならす。

3 温めたオーブンに入れて28〜30分焼く。膨らんで割れた生地の表面にも焼き色がつくまで焼く。ヤケドしないように注意しながら取り出し、型ごと逆さにして網にのせて冷ます。

a

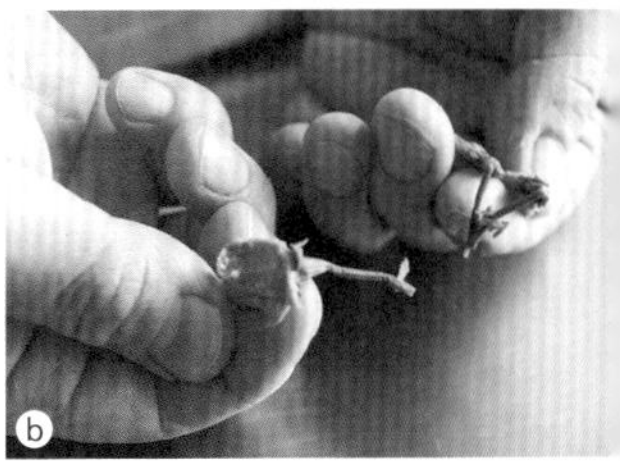
b

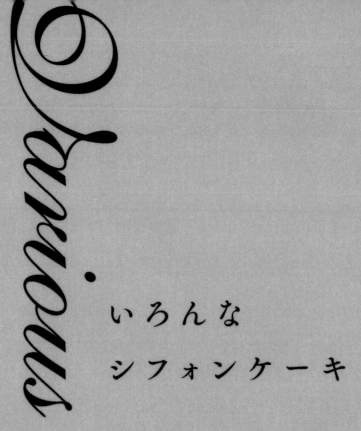

Various

いろんな
シフォンケーキ

ふわふわ、しっとり、もっちりと
食感の違う3種のシフォンケーキ。
この章では、それぞれの生地を生かし、
アレンジしたレシピなどを紹介します。

マーブル模様のカフェモカシフォンケーキ、
卵黄だけで作るゴールデンヨークケーキや
卵白だけで作るエンゼルフードケーキ。
溶かしたチョコレートを生地に混ぜ込んだ
チョコレートパウンドシフォンケーキ、
パンのような香りともっちり感を楽しめる
発酵させた生地のシフォンケーキなど、
風味や食感がさまざまな
シフォンケーキの変化球が楽しめます。

Chiffon

いろんなシフォンケーキ

ふわふわ、しっとり、もっちりと
食感の違う3種のシフォンケーキ。
この章では、それぞれの生地を生かし、
アレンジしたレシピなどを紹介します。

マーブル模様のカフェモカシフォンケーキ、
卵黄だけで作るゴールデンショートケーキや
卵白だけで作るエンゼルフードケーキ。
溶かしたチョコレートを生地に混ぜ込んだ
チョコレートパウンドシフォンケーキ、
パンのような香りともっちり感を楽しめる
発酵させた生地のシフォンケーキなど、
風味や食感がさまざまな
シフォンケーキの変化球が楽しめます。

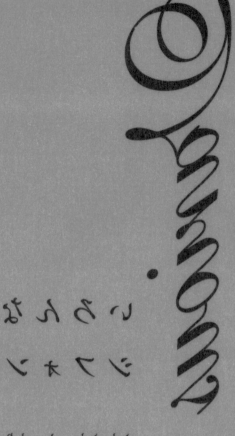

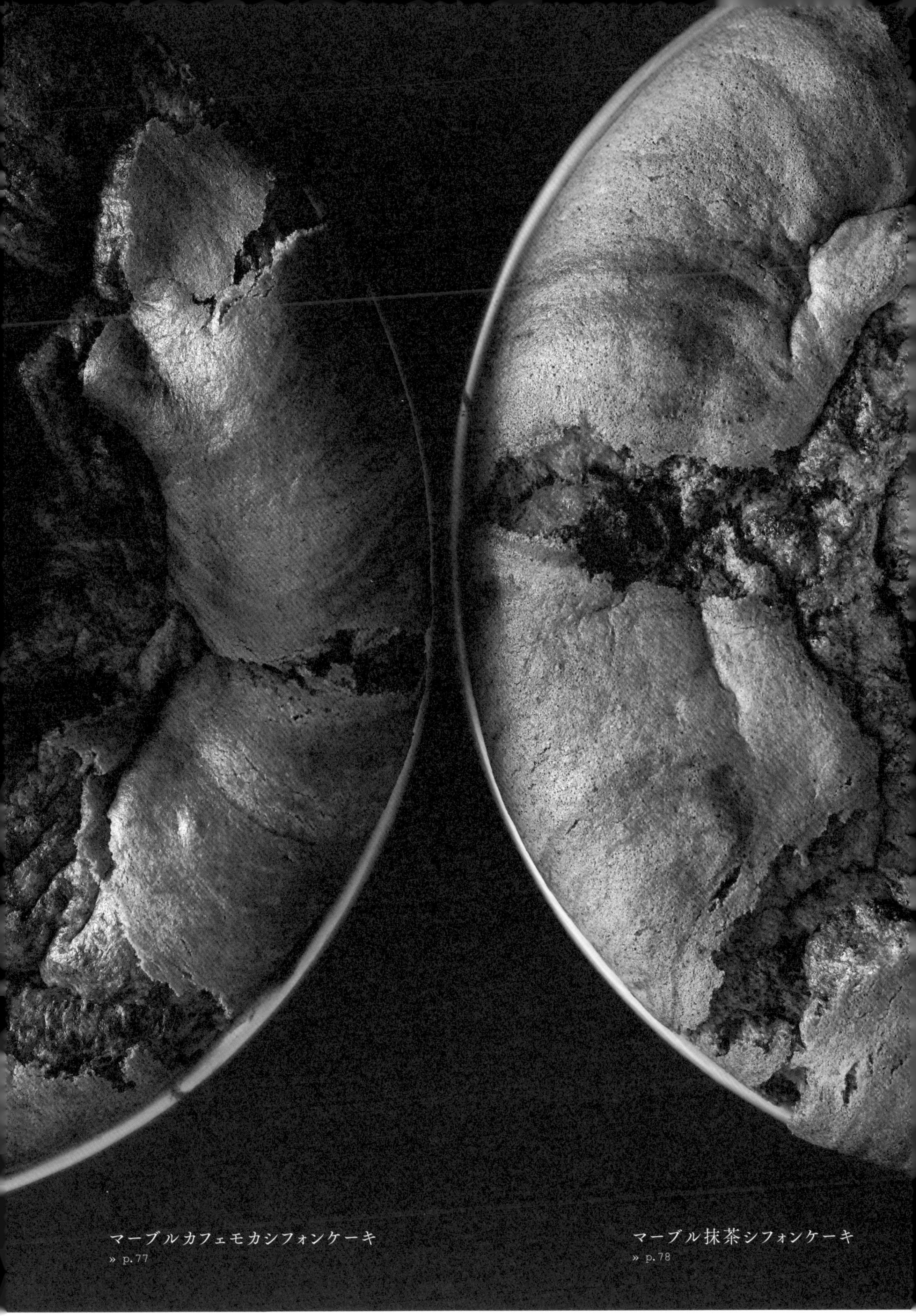

マーブルカフェモカシフォンケーキ

» p.77

マーブル抹茶シフォンケーキ

» p.78

マーブルカフェモカシフォンケーキ

本生地とココア生地を混ぜ過ぎないことが
きれいなマーブル模様のシフォンケーキを作るコツ。
どんな模様になるかは、型から抜いてからのお楽しみです。

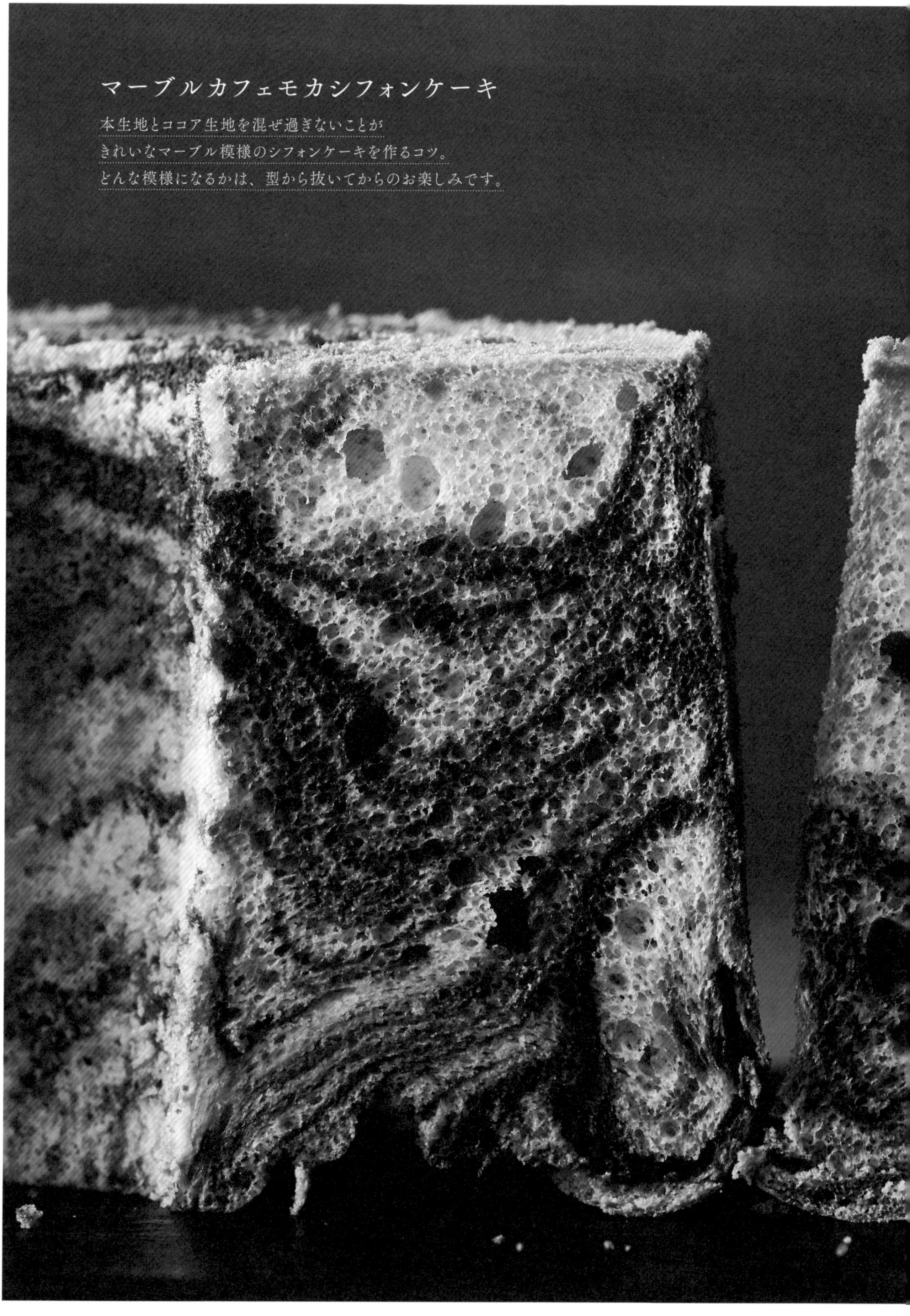

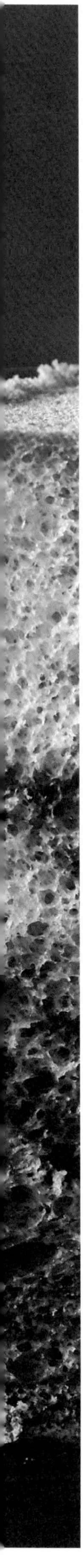

材料〔直径17cmのシフォンケーキ型・1台分〕

卵 … 4個
上白糖 … 70g
塩 … ひとつまみ
A［薄力粉 … 70g
　ベーキングパウダー … ひとつまみ
B［牛乳 … 40g
　ラム酒（または水）… 15g
　サラダ油 … 30g
C［ココアパウダー … 10g
　インスタントコーヒー … 4g
　湯 … 20g

下準備

◎ 卵は2つのボウルに卵黄と卵白に分けて割る。
◎ 卵白は冷蔵庫に入れてしっかり冷やしておく。
◎ Aの粉類は合わせてザルでふるっておく。
◎ オーブンは180℃に予熱しておく。
◎ Cは小さなボウルに入れて混ぜておく。

作り方

卵黄生地を作る

1 卵黄を泡立て器でほぐし、上白糖半量を加えて白っぽくなるまですり混ぜる。

2 Bを一度に加えて混ぜ合わせる。

3 ふるったAを加え、粉気がなくなるまで混ぜる。そこからさらに生地にツヤが出てくるまで20～30回混ぜる。

メレンゲを作る

1 卵白はハンドミキサーの低速で混ぜる。卵白のコシをシャバシャバになるまでよくほぐし、残りの上白糖半量と塩を加える。

2 高速に切り替え、白く泡立って気泡がモコモコとしてきたら、残りの上白糖を加えてさらに泡立てる。

3 ツヤが出てキメが細かく揃い、すくうとツノが少しお辞儀する程度まで泡立てる。さらに低速に切り替え、20～30秒泡立てると、さらにキメが揃う。

マーブル生地を作る

1 メレンゲ半量を生地のボウルに入れ、泡立て器で一気に混ぜる。

2 しっかり混ぜたら、これをメレンゲのボウルに入れて混ぜる。

3 泡立て器で底からすくうようにメレンゲと卵黄生地を混ぜ合わせる。泡立て器で大きくすくい、ワイヤーの間を通すように混ぜるとメレンゲへのダメージが少なくなる。

4 メレンゲのスジが見えなくなってきたら、ゴムベラに持ち替え、生地のキメを整えるように15～20回混ぜる。

5 *4*の生地¼量をCのボウルに入れてココア生地を作る〔ⓐ、ⓑ〕。

6 *5*のココア生地を*4*に戻し入れ、さらにゴムベラで2～3回混ぜ、粗いマーブル状にする〔ⓒ、ⓓ〕。しっかり混ぜ、細かいマーブル模様にしてしまうと型に流し入れるときに2つの生地が混ざり過ぎてしまうので、ここであまり混ぜない。

型に流し入れて焼く

1 少し高いところから型の1か所に生地を流し入れ〔ⓔ〕、表面を整える。

2 均等な高さで生地が持ち上がるように型の縁まで生地を寄せてならし、焼いてる際中に盛り上がってこぼれ出ないように縁についた生地を丁寧にふく。型の煙突を押さえ、5cmほどの高さから台にトントンと2回軽く打ちつけて生地をならす。

3 温めたオーブンに入れて25～28分焼く。膨らんで割れた生地の表面にも焼き色がつくまで焼く。ヤケドしないように注意しながら取り出し、型ごと逆さにして網にのせて冷ます。

ⓐ

ⓑ

ⓒ

ⓓ

ⓔ

マーブル抹茶シフォンケーキ

抹茶マーブルに甘納豆を加えた和風のシフォンケーキ。
抹茶のほのかな香りと苦み、
たまに触れる甘納豆の甘さを楽しめます。

材料〔直径17cmのシフォンケーキ型・1台分〕

卵 … 4個
上白糖 … 70g
塩 … ひとつまみ
甘納豆（小豆）… 40g

A ［薄力粉70g
　 ベーキングパウダー
　 … ひとつまみ

B ［牛乳 … 50g
　 サラダ油 … 30g

C ［抹茶 … 10g
　 湯 … 30g

下準備

◎ 卵は2つのボウルに卵黄と卵白に分けて割る。
◎ 卵白は冷蔵庫に入れてしっかり冷やしておく。
◎ Aの粉類は合わせてザルでふるっておく。
◎ Cは小さなボウルに入れて混ぜておく。
◎ オーブンは180℃に予熱しておく。

作り方

卵黄生地を作る

1 卵黄を泡立て器でほぐし、上白糖半量を加えて白っぽくなるまですり混ぜる。

2 Bを一度に加えて混ぜ合わせる。

3 ふるったAを加え、粉気がなくなるまで混ぜる。そこからさらに生地にツヤが出てくるまで20〜30回混ぜ、甘納豆を加えてさっと混ぜる。

メレンゲを作る

1 卵白はハンドミキサーの低速で混ぜる。卵白のコシをシャバシャバになるまでよくほぐし、残りの上白糖半量と塩を加える。

2 高速に切り替え、白く泡立って気泡がモコモコとしてきたら、残りの上白糖を加えてさらに泡立てる。

3 ツヤが出てキメが細かく揃い、すくうとツノが少しお辞儀する程度まで泡立てる。さらに低速に切り替え、20〜30秒泡立てると、さらにキメが揃う。

マーブル生地を作る

1 メレンゲ半量を生地のボウルに入れ、泡立て器で一気に混ぜる。

2 しっかり混ぜたら、これをメレンゲのボウルに入れて混ぜる。

3 泡立て器で底からすくうようにメレンゲと卵黄生地を混ぜる。泡立て器で大きくすくい、ワイヤーの間を通すように混ぜるとメレンゲへのダメージが少なくなる。

4 メレンゲのスジが見えなくなってきたら、ゴムベラに持ち替え、生地のキメを整えるように15〜20回混ぜる。

5 *4*の生地$\frac{1}{4}$量をCのボウルに入れて抹茶生地を作る。

6 *5*の抹茶生地を*4*に戻し入れ、さらにゴムベラで2〜3回混ぜ、粗いマーブル状にする。しっかり混ぜ、細かいマーブル模様にしてしまうと型に流し入れるときに2つの生地が混ざり過ぎてしまうので、ここではあまり混ぜない。

型に流し入れて焼く

1 少し高いところから型の1か所に生地を流し入れ、表面を整える。

2 均等な高さで生地が持ち上がるように型の縁まで生地を寄せてならし、焼いてる際中に盛り上がってこぼれ出ないように縁についた生地を丁寧にふく。型の煙突を押さえ、5cmほどの高さから台にトントンと2回軽く打ちつけて生地をならす。

3 温めたオーブンに入れて25〜28分焼く。膨らんで割れた生地の表面にも焼き色がつくまで焼く。ヤケドしないように注意しながら取り出し、型ごと逆さにして網にのせて冷ます。

ゴールデンヨークケーキ
» p.82

エンゼルフードケーキ
» p.83

ゴールデンヨークケーキ

卵黄だけで作るシフォンケーキは、
まるでカステラを思わせる濃厚さです。
普通のシフォンケーキのような生地の高さは出ません。

材料〔直径17cmのシフォンケーキ型・1台分〕

卵黄 … 6個分（100～110g）
上白糖 … 50g
薄力粉 … 40g
コーンスターチ（または片栗粉）… 15g
A［牛乳 … 30g
　バター … 50g
　（食塩不使用、またはサラダ油40g）
　はちみつ … 20g

下準備

◎ 薄力粉とコーンスターチは合わせてふるっておく。
◎ Aは温め、バターを溶かしておく。
◎ オーブンは170℃に予熱しておく。

作り方

1 ボウルに卵黄と上白糖を入れてハンドミキサーの低速でほぐす〔ⓐ〕。高速に切り替えて泡立ててとろみが出て、白っぽくもったりするまで泡立てる〔ⓑ〕。

2 泡立て器に持ち替え、Aと粉類を順に加えて混ぜ合わせ、粉気がなくなるまで混ぜる。

3 再度ゴムベラで生地を2～3回混ぜ、少し高いところから型の1か所に生地を流し入れ、表面を整える。

4 焦げた臭いがシフォンケーキに移らないように縁についた生地を丁寧にふく。型の煙突を押さえ、5cmほどの高さから台にトントンと2回軽く打ちつけて生地をならす。

5 温めたオーブンに入れて25～28分焼く。

6 ヤケドしないように注意しながら温かいうちに、側面と煙突にナイフをぐるりと入れて型から外し、網にのせて冷ます。

ⓐ

ⓑ

エンゼルフードケーキ

ゴールデンヨークの反対に卵白だけで作るケーキ。
香りづけにバニラビーンズを加えます。
なければ、バニラエッセンス少々で代用しても。

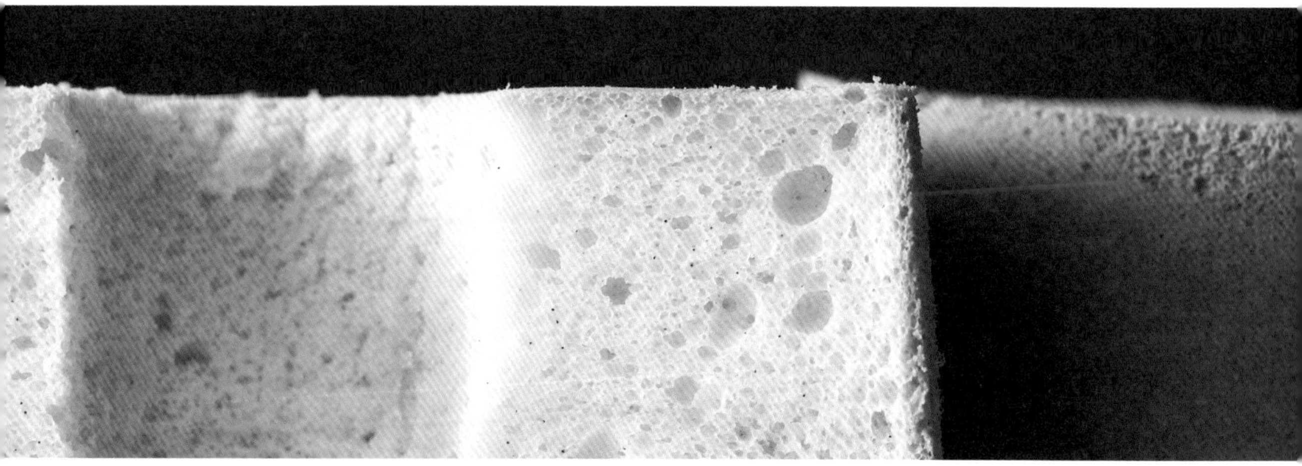

材料〔直径17cmのシフォンケーキ型・1台分〕

卵白 … 6個分(約200g)
上白糖 … 70g
塩 … ひとつまみ
薄力粉 … 70g
A［牛乳 … 70g
サラダ油 … 30g
バニラビーンズ
… ⅓本(またはバニラエッセンス少々)

下準備

◎卵白は冷蔵庫に入れてしっかり冷やしておく。
◎薄力粉はザルでふるっておく。
◎オーブンは180℃に予熱しておく。

作り方

1 ボウルにAを入れて混ぜ合わせ、ふるった薄力粉を加えて粉気がなくなるまで混ぜる。そこからさらに生地にツヤが出てくるまで20～30回混ぜる。

2 別のボウルに冷やした卵白を入れ、シャバシャバになるまでコシをよくほぐし、上白糖半量と塩を加える。

3 高速に切り替え、メレンゲを作っていく。白く泡立って気泡がモコモコとしてきたら、残りの上白糖を加えてさらに泡立てる。ツヤが出てキメが細かく揃い、すくうとツノが少しお辞儀する程度まで泡立てる。さらに低速に切り替え、20～30秒泡立てると、さらにキメが揃う。

4 メレンゲ半量を*1*の生地をに入れ、泡立て器で一気に混ぜる。しっかり混ぜたら、これをメレンゲのボウルに入れて混ぜる。泡立て器で大きくすくい、ワイヤーの間を通すように混ぜるとメレンゲへのダメージが少なくなる。

5 メレンゲのスジが見えなくなってきたら、ゴムベラに持ち替え、生地のキメを整えるように20～30回混ぜる。

6 少し高いところから型の1か所に生地を流し入れ、表面を整える。

7 均等な高さで生地が持ち上がるように型の縁に生地を寄せてならし、焼いてる際中に盛り上がってこぼれ出ないように縁についた生地を丁寧にふく。型の煙突を押さえ、5cmほどの高さから台にトントンと2回軽く打ちつけて生地をならす。

8 温めたオーブンに入れて30～35分焼く。ヤケドしないように注意しながら取り出し、型ごと逆さにして網にのせて冷ます。

チョコレートパウンドシフォンケーキ

溶かしたチョコレートを生地に混ぜ込んで作ります。
ココアパウダーで作るシフォンケーキとは違い、
濃厚だけど、やわらかい口溶けが楽しめます。

材料〔18×9×高さ6cmのパウンド型・1台分〕

卵…2個
上白糖…50g
塩…ひとつまみ
A［薄力粉…40g
　ココアパウダー…10g
　ベーキングパウダー…1g
B［製菓用チョコレート（カカオ分60～70％）…50g
　生クリーム（40％以上）…80g

下準備

◎卵は2つのボウルに卵黄と卵白に分けて割る。
◎卵白は冷蔵庫に入れてしっかり冷やしておく。
◎Aの粉類は合わせてザルでふるっておく。
◎オーブンは180℃に予熱しておく。
◎Bは湯煎にかけ、チョコレートを溶かしておく。
◎型の底面にオーブンシートを敷いておく。

作り方

卵黄生地を作る

1 卵黄は泡立て器でほぐし、とろみが出るまで泡立てる。

2 Bを一度に加えて混ぜ合わせる。

3 ふるったAを加え、粉気がなくなるまで混ぜる。そこからさらに生地にツヤが出てくるまで20～30回混ぜる。

メレンゲを作る

1 卵白はハンドミキサーの低速で混ぜる。卵白のコシをシャバシャバになるまでよくほぐし、上白糖半量と塩を加える。

2 高速に切り替え、白く泡立って気泡がモコモコとしてきたら、残りの上白糖を加えてさらに泡立てる。

3 ツヤが出てキメが細かく揃い、すくうとツノが少しお辞儀する程度まで泡立てる。さらに低速に切り替え、20～30秒泡立てると、さらにキメが揃う。

卵黄生地とメレンゲを混ぜる

1 メレンゲ半量を生地のボウルに入れ、泡立て器で一気に混ぜる。

2 しっかり混ぜたら、これをメレンゲのボウルに入れて混ぜる。

3 泡立て器で底からすくうようにメレンゲと卵黄生地を混ぜ合わせる。泡立て器で大きくすくい、ワイヤーの間を通すように混ぜるとメレンゲへのダメージが少なくなる。

4 メレンゲのスジが見えなくなってきたら、ゴムベラに持ち替え、生地のキメを整えるように20～30回混ぜる。

型に流し入れて焼く

1 少し高いところから型の1か所に生地を流し入れ〔写真〕、表面を整える。

2 5cmほどの高さから台にトントンと2回軽く打ちつけて生地をならす。

3 温めたオーブンに入れて25～28分焼く。割れた生地の表面も乾いてくるまで焼く。ヤケドしないように注意しながら取り出し、型ごと逆さにして網にのせて冷ます。

ノンオイルの発酵シフォンケーキ

生地を発酵させ、メレンゲと合わせて焼き上げます。
はちの巣のように独特な気泡の断面になり、
オイルを使わないのも、興味深いレシピです。

材料〔直径17cmのシフォンケーキ型・1台分〕

卵 … 4個
上白糖 … 60g
A［薄力粉 … 40g
　強力粉 … 40g
　インスタントドライイースト … 1g
　塩 … ひとつまみ
B［プレーンヨーグルト（無糖）… 50g
　水 … 50g

下準備

◎ 卵は2つのボウルに卵黄と卵白に分けて割る。
◎ 卵白は冷蔵庫に入れてしっかり冷やしておく。
◎ 焼くタイミングに合わせ、
オーブンは180℃に予熱しておく。

作り方

発酵生地を作る

1 Aはボウルに入れ、ゴムベラでざっと混ぜる。Bを一度に加えて粉気がなくなるまでしっかり混ぜる〔ⓐ〕。

2 ラップを被せて表面にプツプツと気泡が出て、発酵するまで1時間ほど置く〔ⓑ、ⓒ〕。

3 発酵したら卵黄を加え、泡立て器で混ぜる。

メレンゲを作る

1 卵白はハンドミキサーの低速で混ぜ、卵白のコシをシャバシャバになるまでよくほぐす。

2 上白糖全量を加え、高速に切り替えてキメの細かいしなりのあるメレンゲを作っていく。

3 ツヤが出てキメが細かく揃い、モコモコしているがしなりがあり、すくうとツノが立たずに深くお辞儀する程度まで泡立てる。

発酵生地とメレンゲを混ぜる

1 メレンゲ半量を生地のボウルに入れ、泡立て器で一気に混ぜる。

2 しっかり混ぜたら、これをメレンゲのボウルに入れて混ぜる。

3 泡立て器で底からすくうようにメレンゲと発酵生地を混ぜ合わせる。泡立て器で大きくすくい、ワイヤーの間を通すように混ぜるとメレンゲへのダメージが少なくなる。

4 メレンゲのスジが見えなくなってきたら、ゴムベラに持ち替え、生地のキメを整えるように20～30回混ぜる。

型に流し入れて焼く

1 少し高いところから型の1か所に生地を流し入れ、表面を整える。

2 均等な高さで生地が持ち上がるように型の縁まで生地を寄せてならし、焼いてる際中に盛り上がってこぼれ出ないように縁についた生地を丁寧にふく。型の煙突を押さえ、5cmほどの高さから台にトントンと2回軽く打ちつけて生地をならす。

3 温めたオーブンに入れて28～30分焼く。膨らんで割れた生地の表面にも焼き色がつくまで焼く。ヤケドしないように注意しながら取り出し、型ごと逆さにして網にのせて冷ます。

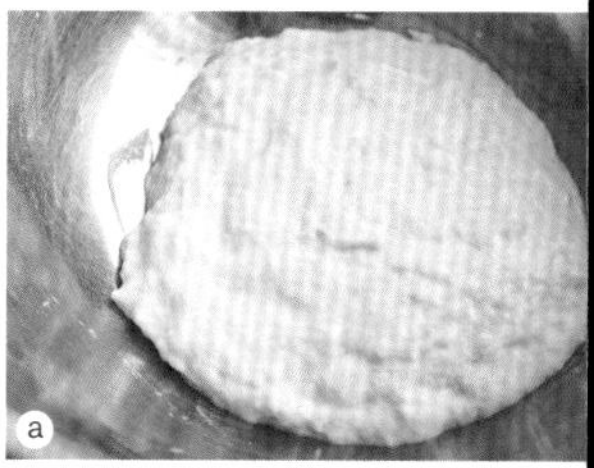
a

b

c

チリポテトの塩味シフォンケーキ
» p.90

ハムとチーズの塩味シフォンケーキ

» p.91

チリポテトの塩味シフォンケーキ

バットで作る塩味のシフォンケーキ。
チリで味つけしたポテトが食欲をそそります。
好みのハーブやスパイスを入れても。
食べ応えがあり、焼き立てはもちろん、冷やしても美味しい。

材料〔16×21×高さ3cmのバット・1台分〕

卵 … 2個
上白糖 … 15g
塩 … ひとつまみ
薄力粉 … 40g
パプリカパウダー … 少々
A 牛乳 … 20g
　プレーンヨーグルト（無糖）… 20g
　オリーブ油 … 20g
B じゃがいも … 中2個
　チリパウダーミックス* … 小さじ2
　塩 … 小さじ½

＊チリパウダーミックスに塩が入っていれば控える。

下準備

◎ 卵は2つのボウルに卵黄と卵白に分けて割る。
◎ 卵白は冷蔵庫に入れてしっかり冷やしておく。
◎ 薄力粉はザルでふるっておく。
◎ Aは混ぜて温めておく（沸騰させると分離するので注意）。
◎ じゃがいもは洗い、水気をふかずに皮ごとラップで包む。600Wの電子レンジで1〜1分半加熱する。粗熱が取れたら3cm大に切り、Bのチリパウダーミックスと塩で和えておく。
◎ バットに大きめにオーブンシートを敷いておく。（側面から3〜4cmオーブンシートがはみ出る程度）。
◎ オーブンは180℃に予熱しておく。

作り方

卵黄生地を作る

1 卵黄を泡立て器でほぐし、軽く泡立ててとろみが出るまで混ぜる。
2 Aを一度に加えて混ぜ合わせる。
3 ふるった薄力粉を入れて粉気がなくなるまで混ぜる。そこからさらに生地にツヤが出てくるまで20〜30回混ぜる。

メレンゲを作る

1 卵白はハンドミキサーの低速で混ぜる。卵白のコシをシャバシャバになるまでよくほぐし、上白糖半量と塩を加える。
2 高速に切り替え、白く泡立って気泡がモコモコとしてきたら、残りの上白糖を加えてさらに泡立てる。
3 ツヤが出てキメが細かく揃い、すくうとツノが少しお辞儀する程度まで泡立てる。さらに低速に切り替え、20〜30秒泡立てると、さらにキメが揃う。

卵黄生地とメレンゲを混ぜる

1 メレンゲ半量を生地のボウルに入れ、泡立て器で一気に混ぜる。
2 しっかり混ぜたら、これをメレンゲのボウルに入れて混ぜる。
3 泡立て器で底からすくうようにメレンゲと卵黄生地を混ぜ合わせる。泡立て器で大きくすくい、ワイヤーの間を通すように混ぜるとメレンゲへのダメージが少なくなる。
4 メレンゲのスジが見えなくなってきたら、ゴムベラに持ち替え、生地のキメを整えるように30〜50回混ぜる。

バットに流し入れて焼く

1 少し高いところから型の1か所に生地を流し入れ、表面を整える。
2 5cmほどの高さから台にトントンと2回軽く打ちつけて生地をならし、じゃがいもを散らす。
3 温めたオーブンに入れて25〜28分焼く。バットごとクーラーにのせて冷ます。

ハムとチーズの塩味シフォンケーキ

冷蔵庫に残っているハムや粉チーズがあったときに、
ぜひ作って欲しい食事系シフォンケーキです。
チリポテトのシフォンケーキ同様に、
バットで作ってもよいでしょう。

材料〔直径17cmのシフォンケーキ型・1台分〕

卵 … 4個
上白糖 … 30g
塩 … ひとつまみ
薄力粉 … 70g
粉チーズ … 40g
ドライタイム … 少々
ハム … 80g
A［牛乳 … 40g
プレーンヨーグルト（無糖）… 30g
オリーブ油 … 30g

下準備

◎ 卵は2つのボウルに卵黄と卵白に分けて割る。
◎ 卵白は冷蔵庫に入れてしっかり冷やしておく。
◎ 薄力粉はザルでふるっておく。
◎ Aは混ぜて温めておく（沸騰させると分離するので注意）。
◎ ハムは3mm大に刻んでおく。
◎ オーブンは180℃に予熱しておく。

作り方

卵黄生地を作る

1 卵黄を泡立て器でほぐし、軽く泡立ててとろみが出るまで混ぜる。

2 Aを一度に加えて混ぜ合わせる。

3 ふるった薄力粉、粉チーズ、ドライタイムを加えて粉気がなくなるまで混ぜる。そこからさらに生地にツヤが出てくるまで20〜30回混ぜ、刻んだハムを加えてさっと混ぜる。

メレンゲを作る

1 卵白はハンドミキサーの低速で混ぜる。卵白のコシをシャバシャバになるまでよくほぐし、上白糖半量と塩を加える。

2 高速に切り替え、白く泡立って気泡がモコモコとしてきたら、残りの上白糖を加えてさらに泡立てる。

3 ツヤが出てキメが細かく揃い、すくうとツノが少しお辞儀する程度まで泡立てる。さらに低速に切り替え、20〜30秒泡立てると、さらにキメが揃う。

卵黄生地とメレンゲを混ぜる

1 メレンゲ半量を生地のボウルに入れ、泡立て器で一気に混ぜる。

2 しっかり混ぜたら、これをメレンゲのボウルに入れて混ぜる。

3 泡立て器で底からすくうようにメレンゲと卵黄生地を混ぜ合わせる。泡立て器で大きくすくい、ワイヤーの間を通すように混ぜるとメレンゲへのダメージが少なくなる。

4 メレンゲのスジが見えなくなってきたら、ゴムベラに持ち替え、生地のキメを整えるように30〜50回混ぜる。

型に流し入れて焼く

1 少し高いところから型の1か所に生地を流し入れ、表面を整える。

2 均等な高さで生地が持ち上がるように型の縁まで生地を寄せてならし、焼いてる際中に盛り上がってこぼれ出ないように縁についた生地を丁寧にふく。型の煙突を押さえ、5cmほどの高さから台にトントンと2回軽く打ちつけて生地をならす。

3 温めたオーブンに入れて28〜30分焼く。膨らんで割れた生地の表面にも焼き色がつくまで焼く。ヤケドしないように注意しながら取り出し、型ごと逆さにして網にのせて冷ます。

いろんな粉で作るシフォンケーキ

シフォンケーキは粉を替えて作るのも楽しい。
強力粉やアーモンドパウダー、米粉など、
それぞれが食感、風味の違う
美味しいシフォンケーキに焼き上がります。

材料〔直径17cmのシフォンケーキ型・1台分〕

卵 … 4個
上白糖 … 60g
塩 … ひとつまみ

A
- 【粉】→薄力粉70g、
  または強力粉60g、コーンスターチ70g、
  米粉80g、アーモンドパウダー80gに替える。
- ベーキングパウダー … ひとつまみ

B
- 水 … 30g
- 牛乳 … 30g
- サラダ油 … 30g

作り方

基本のふわふわ
シフォンケーキ（p.18）と同様。

☑ **強力粉で作ると…**
グルテンが働き、引きの強いもっちりとした食感になる。

☑ **薄力粉で作ると…**
ふわっとしっとり。イメージ通りのシフォンケーキに。

☑ **米粉で作ると…**
米粉に火が通ると、しっとりもっちりと焼き上がる。

☑ **アーモンドパウダーで作ると…**
アーモンドがほのかに香る。グルテンがなく、
生地が完全につながらずに焼けるので、
口の中でホロッと崩れる食感に。

☑ **コーンスターチで作ると…**
でんぷん質が熱によって糊化するので、
歯切れがよくて崩れやすい。

シフォンケーキを型から抜く方法

シフォンケーキ型から抜く方法は2種類あります。
ナイフを使う方法と、
ナイフを使わずに手で外す方法です。
自分に合うタイプでトライしてください。

ナイフで抜く方法

1 型から盛り上がっている生地を両手で型の内側に押す。

2 ペティナイフか、フルーツナイフを差し、側面に刃をしっかり当てる。型を削るイメージで、長いストロークで1周する。

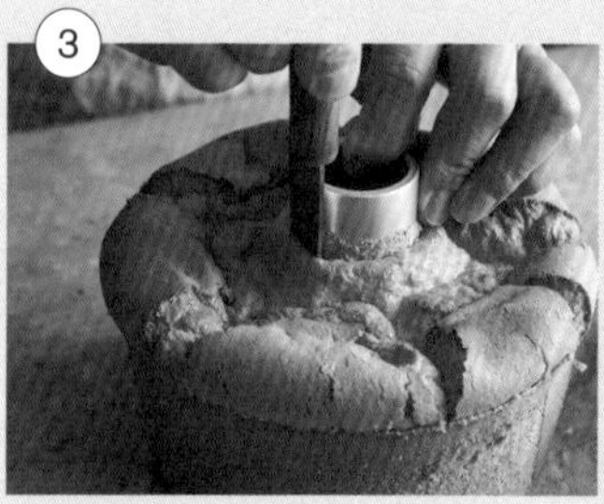

3 煙突にも同様にナイフの刃を当て、1周する。

4 底面にも刃先を当ててぐるりと1周する。

手で抜く方法

1 型から盛り上がっている生地を両手で型の内側に押す。

2 両手の指先を側面に当て、均等に生地を底面まで押す。少しドキドキするが、その後生地が再度均等に持ち上がる。

3 煙突も同様に指先を使って生地をしっかり底面まで押す。

4 底面は煙突に向かって均等に生地を押す。